This Practice Book Belongs To :

....

....

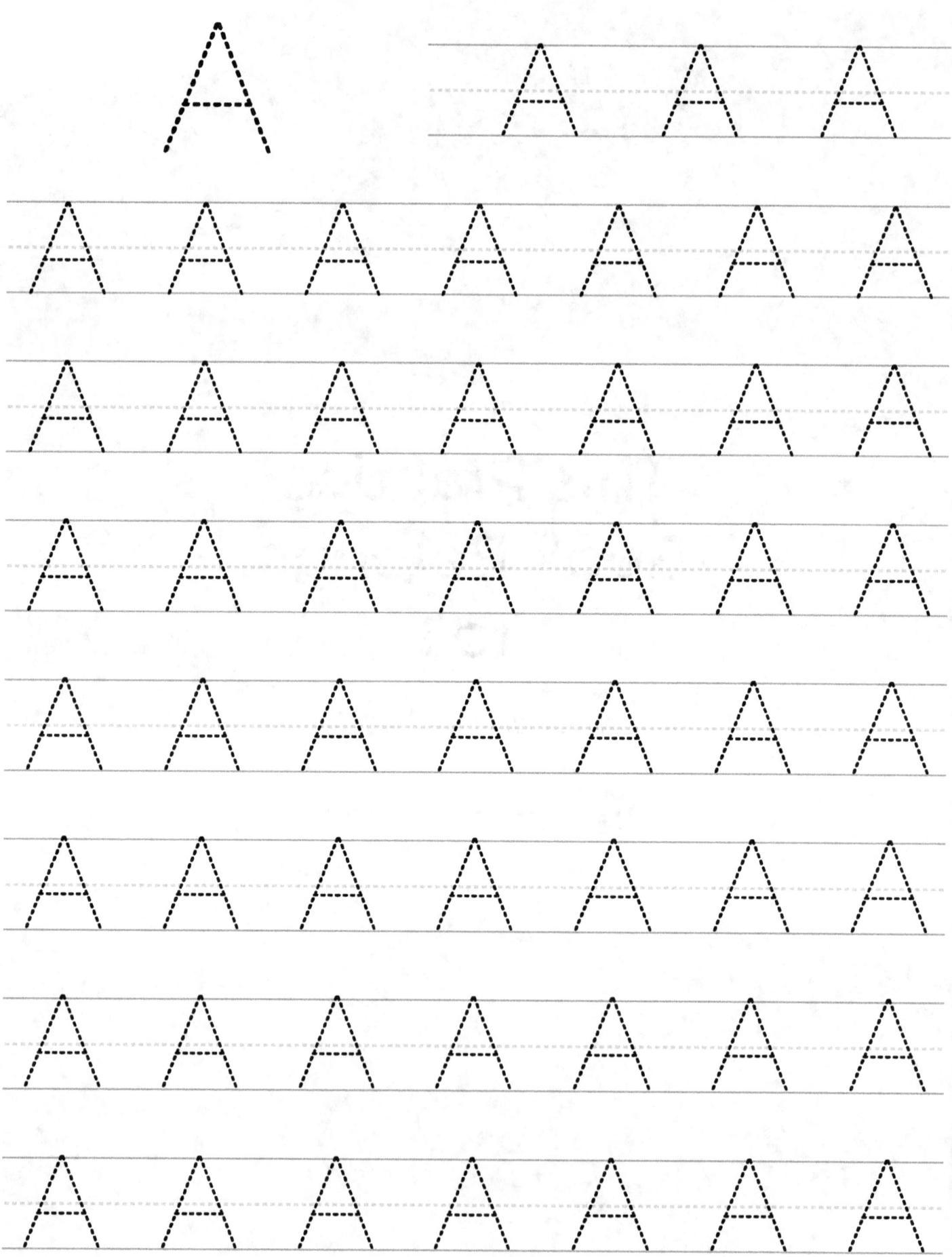

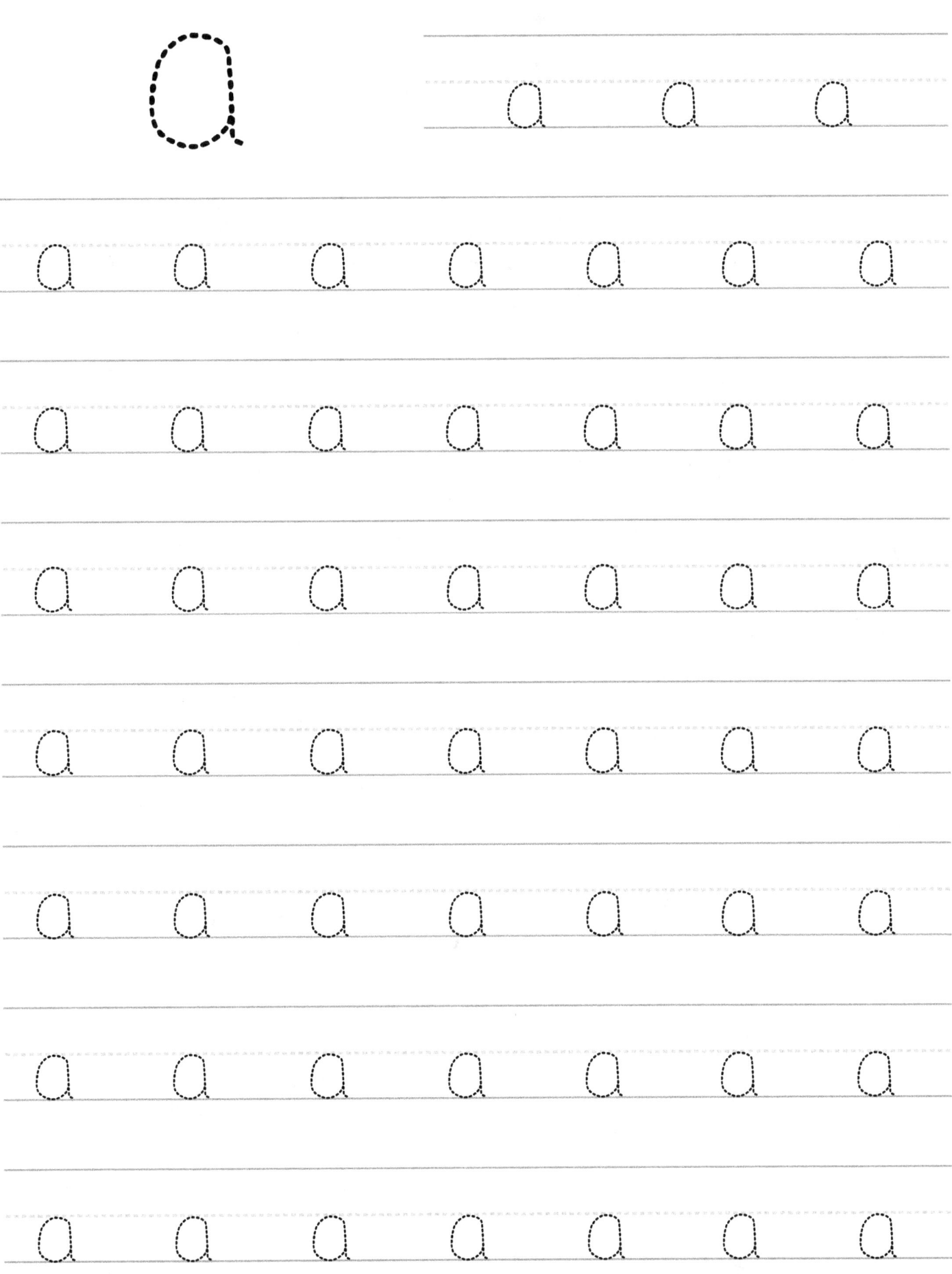

Aa

A A A A A A A

a a a a a a a

Aa Aa Aa Aa Aa

B

b

Bb

B B B B B B B

b b b b b b b

Bb Bb Bb Bb Bb Bb Bb

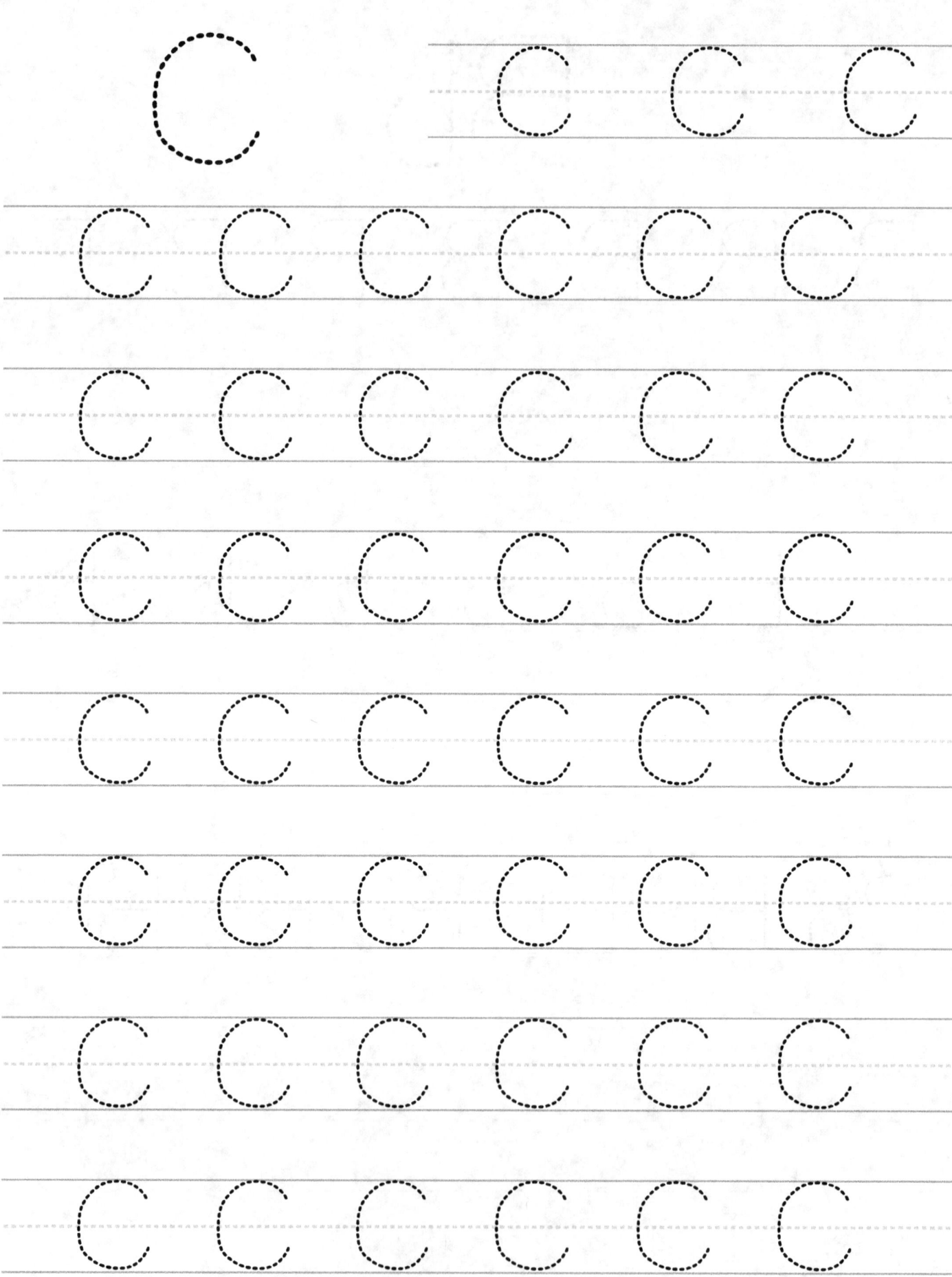

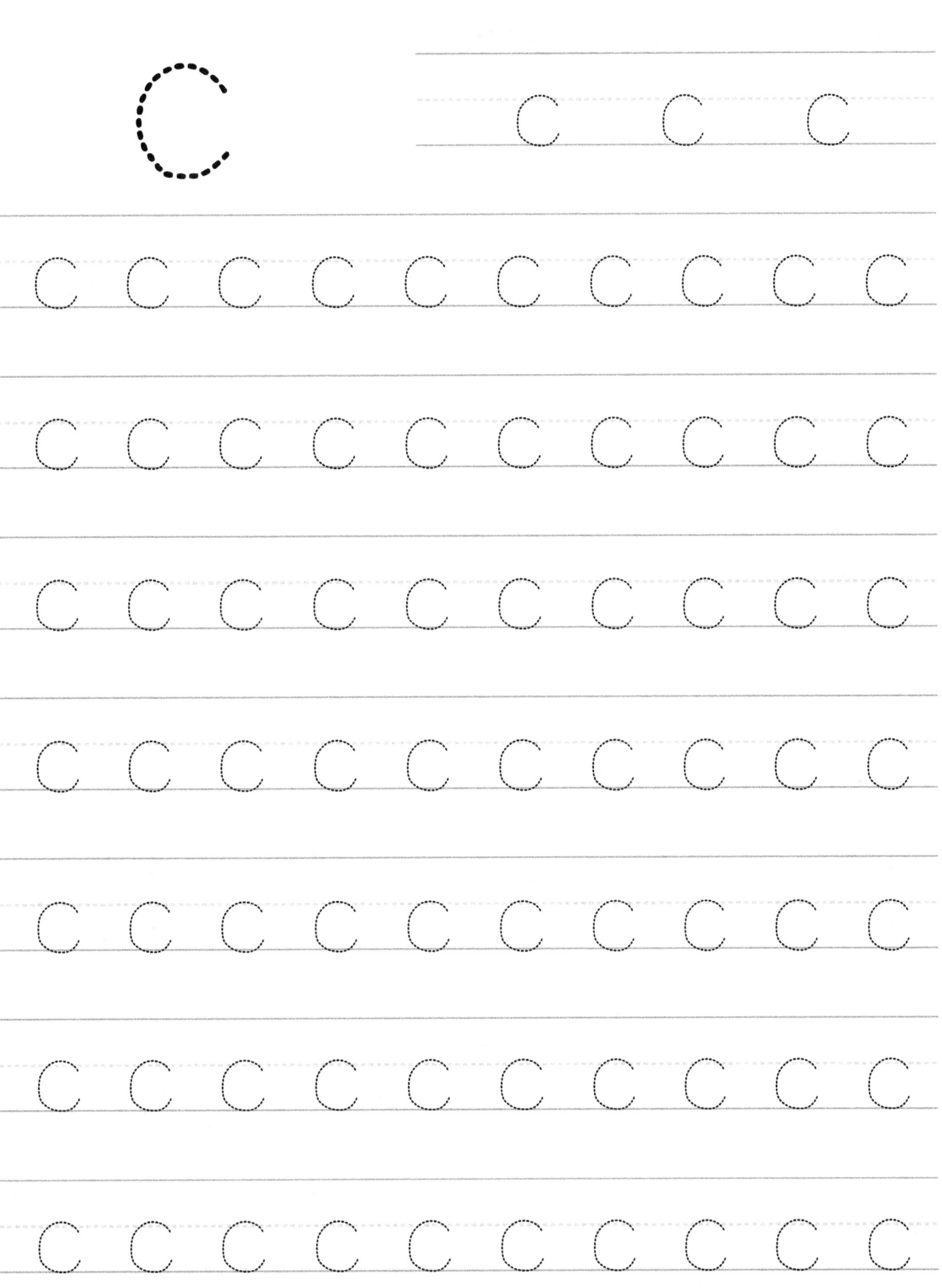

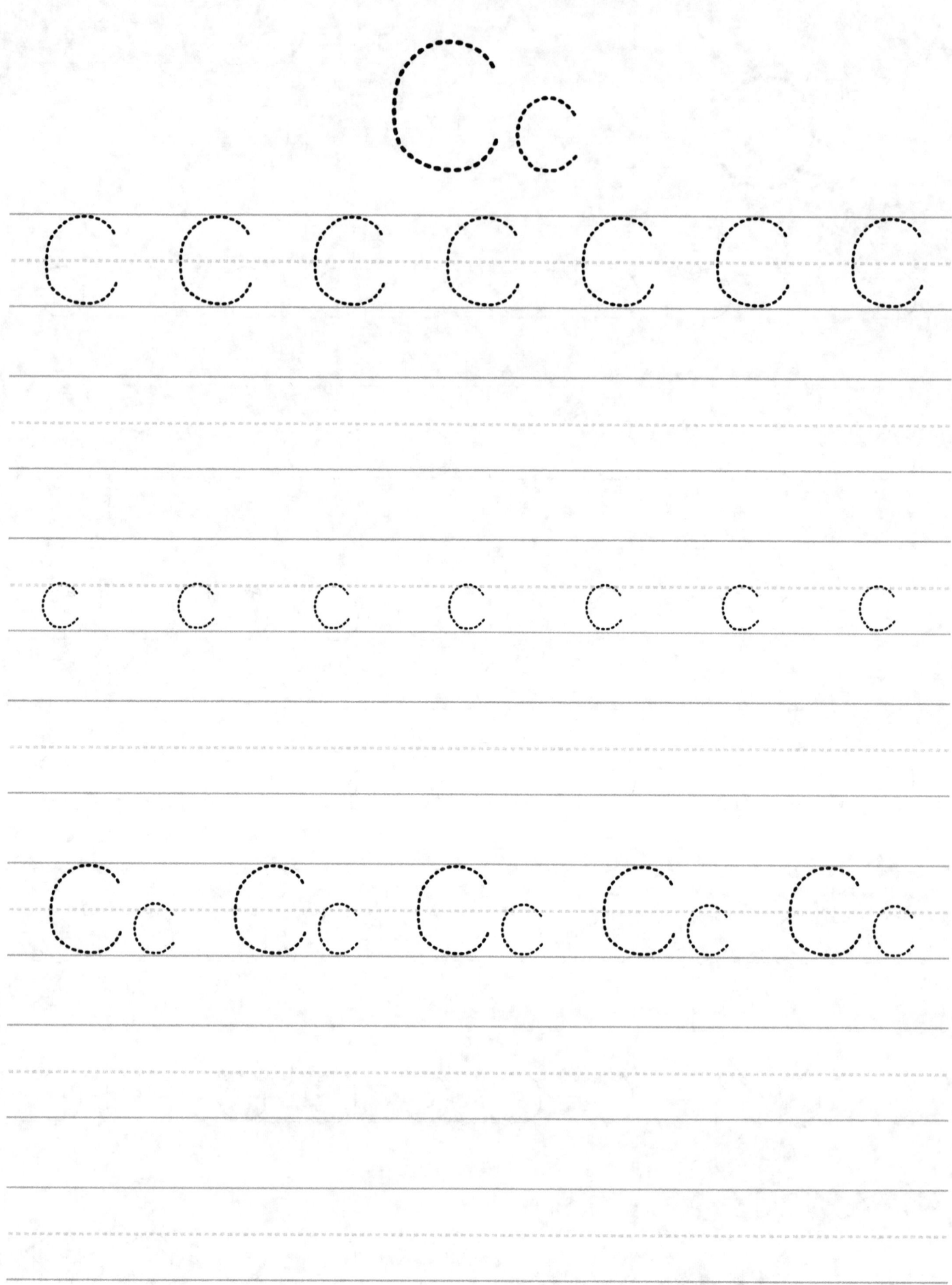

D D D D
D D D D D D D
D D D D D D D
D D D D D D D
D D D D D D D
D D D D D D D
D D D D D D D
D D D D D D D

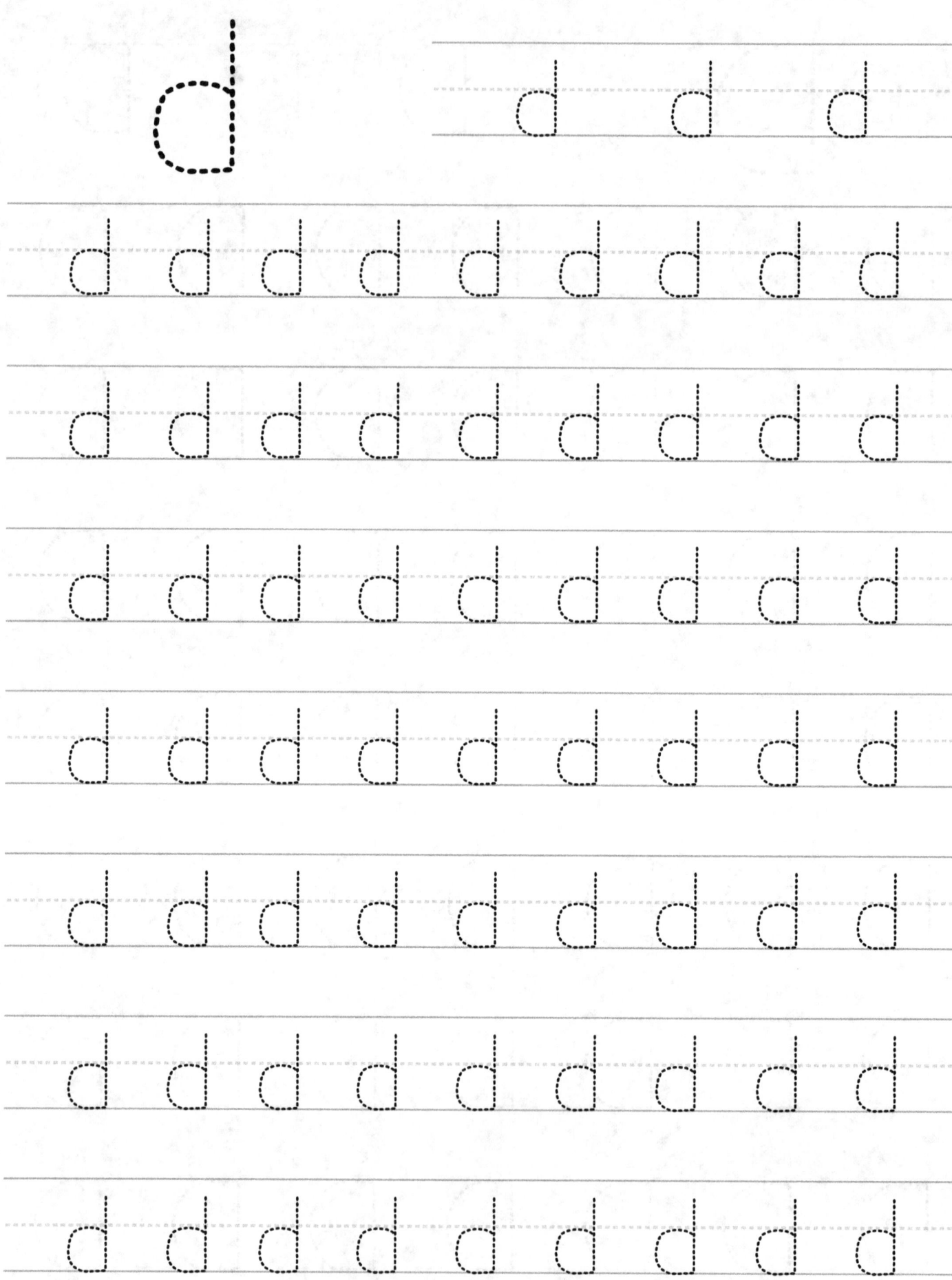

Dd

D D D D D D

d d d d d d d d d

Dd Dd Dd Dd Dd

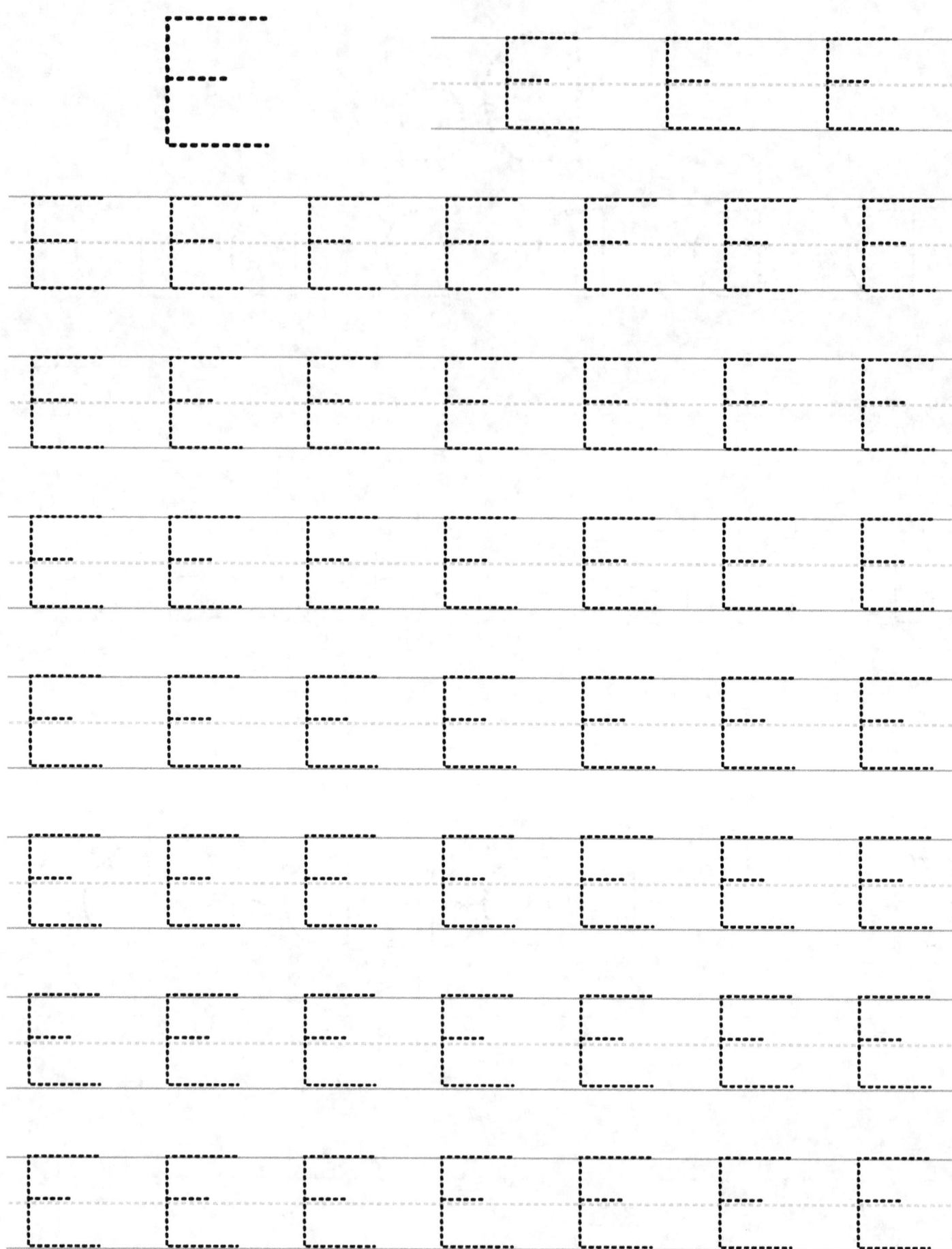

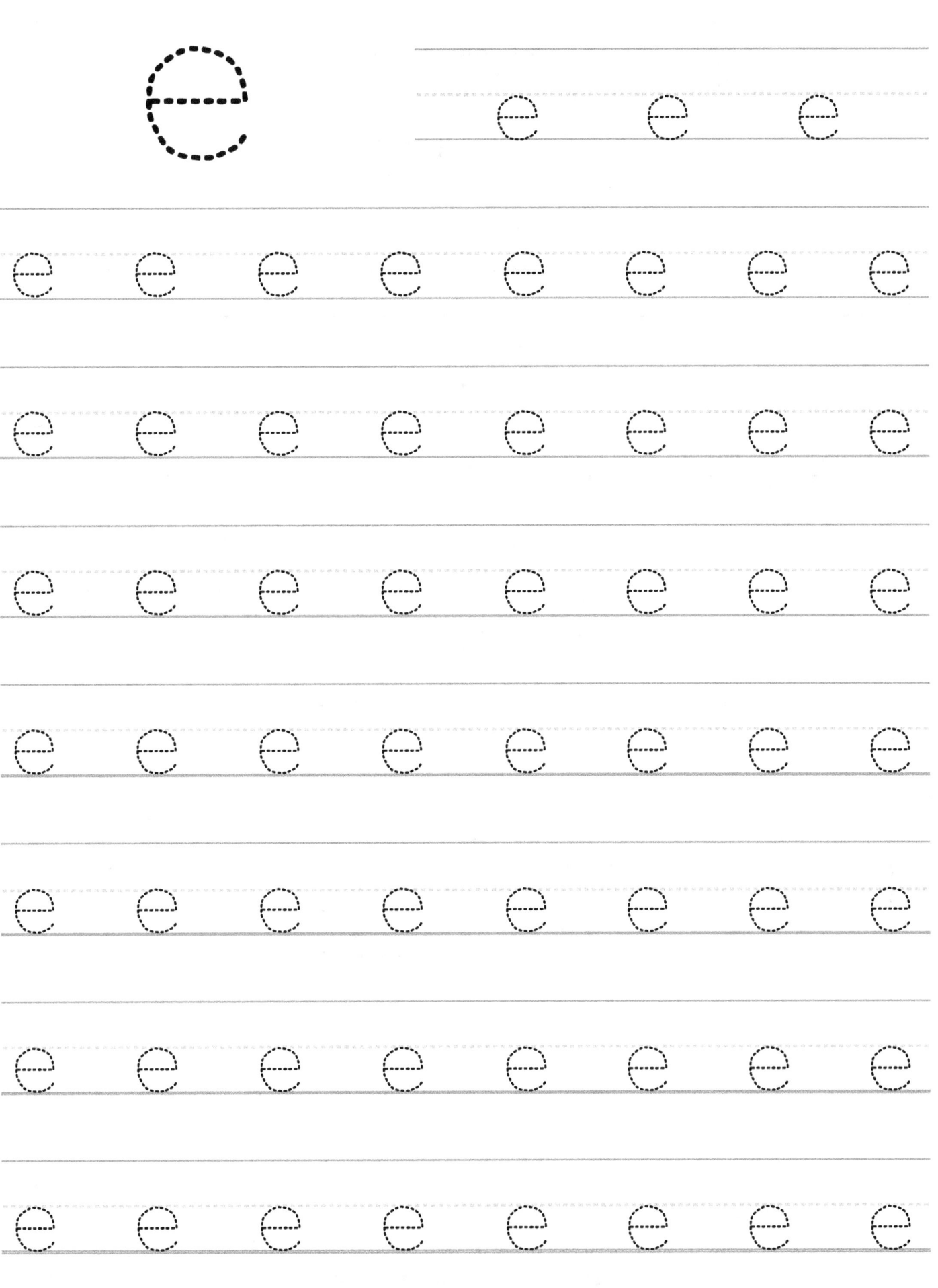

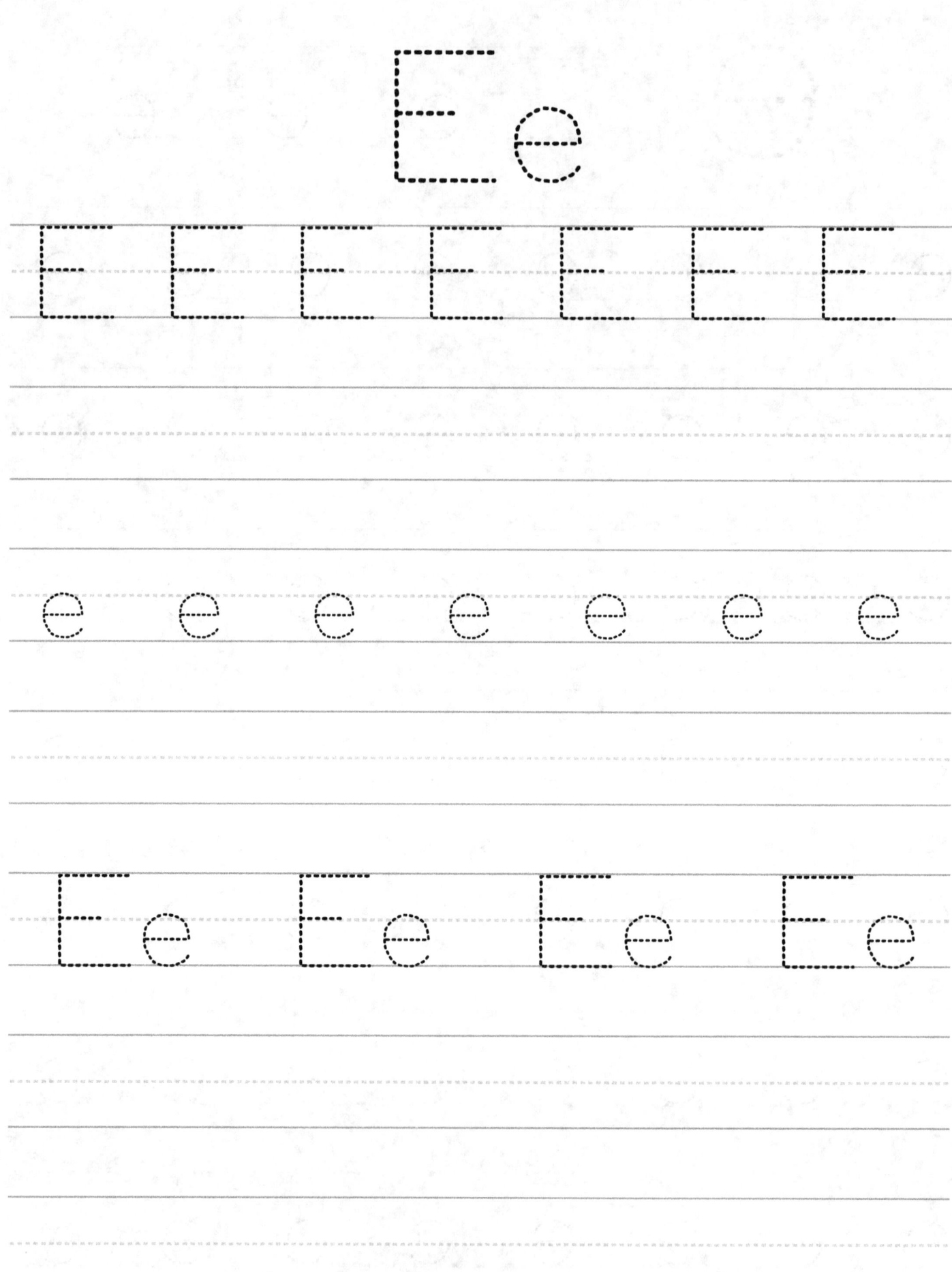

F

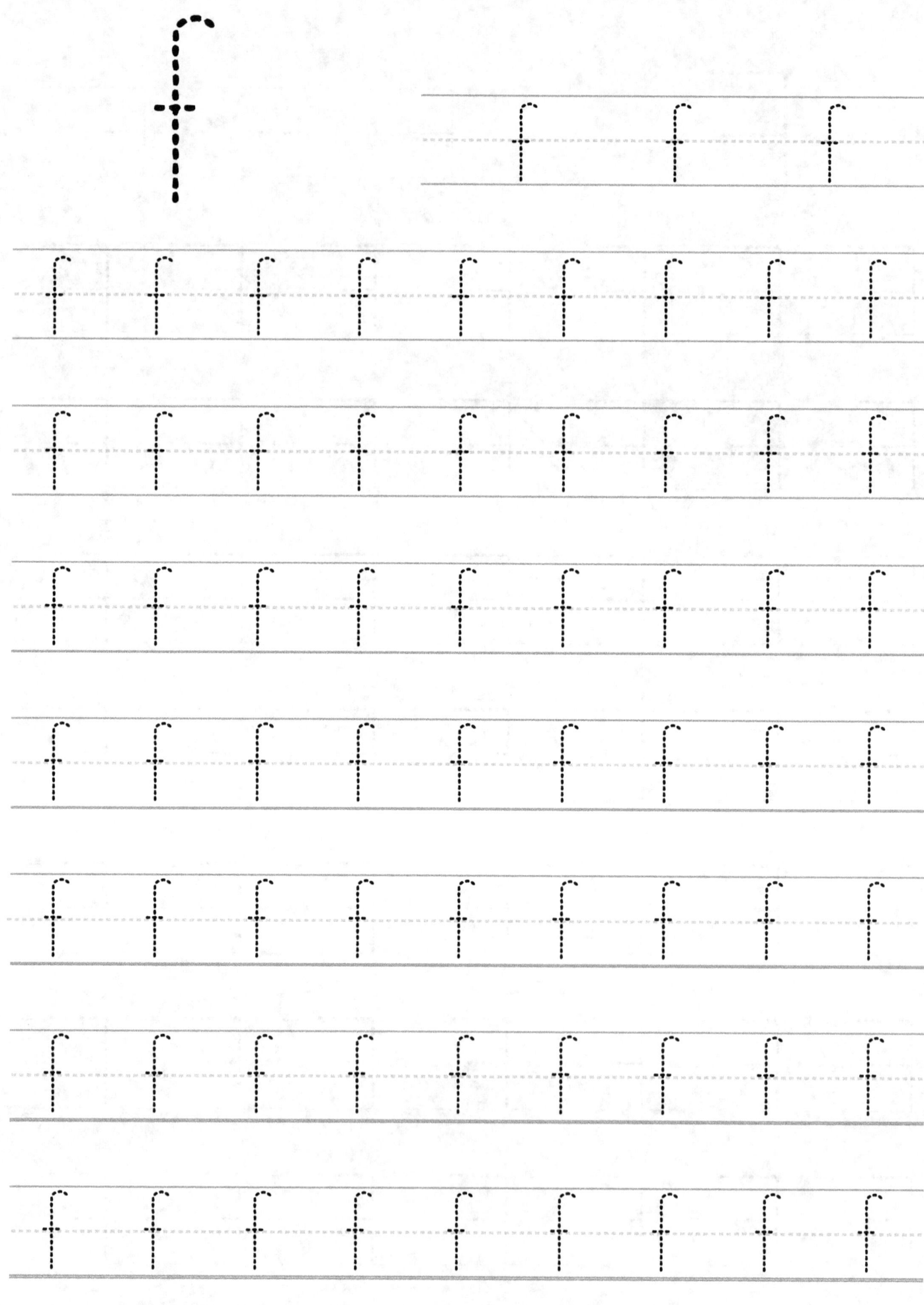

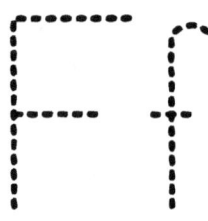

F F F F F F F

f f f f f f f

Ff Ff Ff Ff Ff

G G G G
G G G G G G G
G G G G G G G
G G G G G G G
G G G G G G G
G G G G G G G
G G G G G G G
G G G G G G G

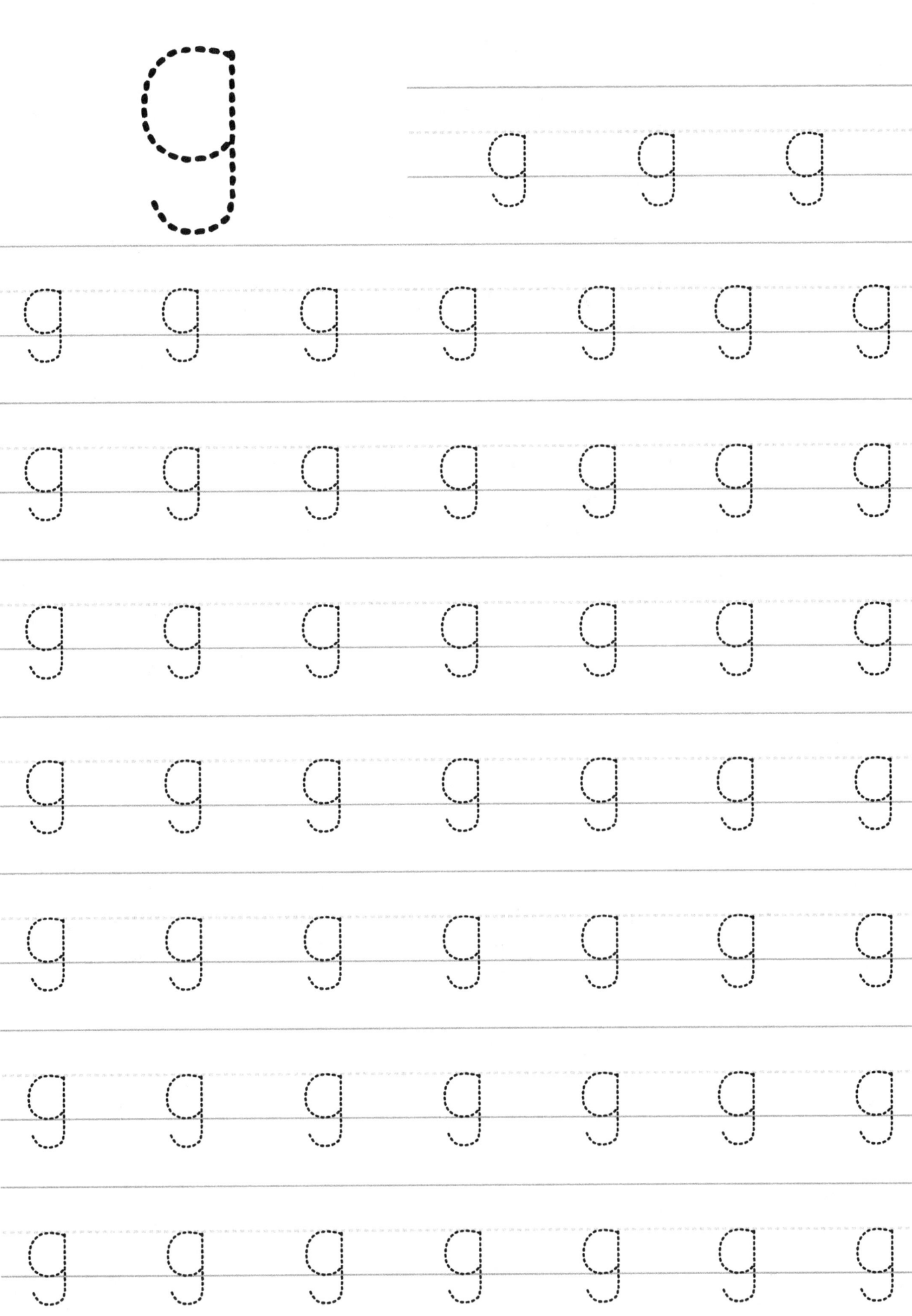

Gg

G G G G G

g g g g g g g g

Gg Gg Gg Gg

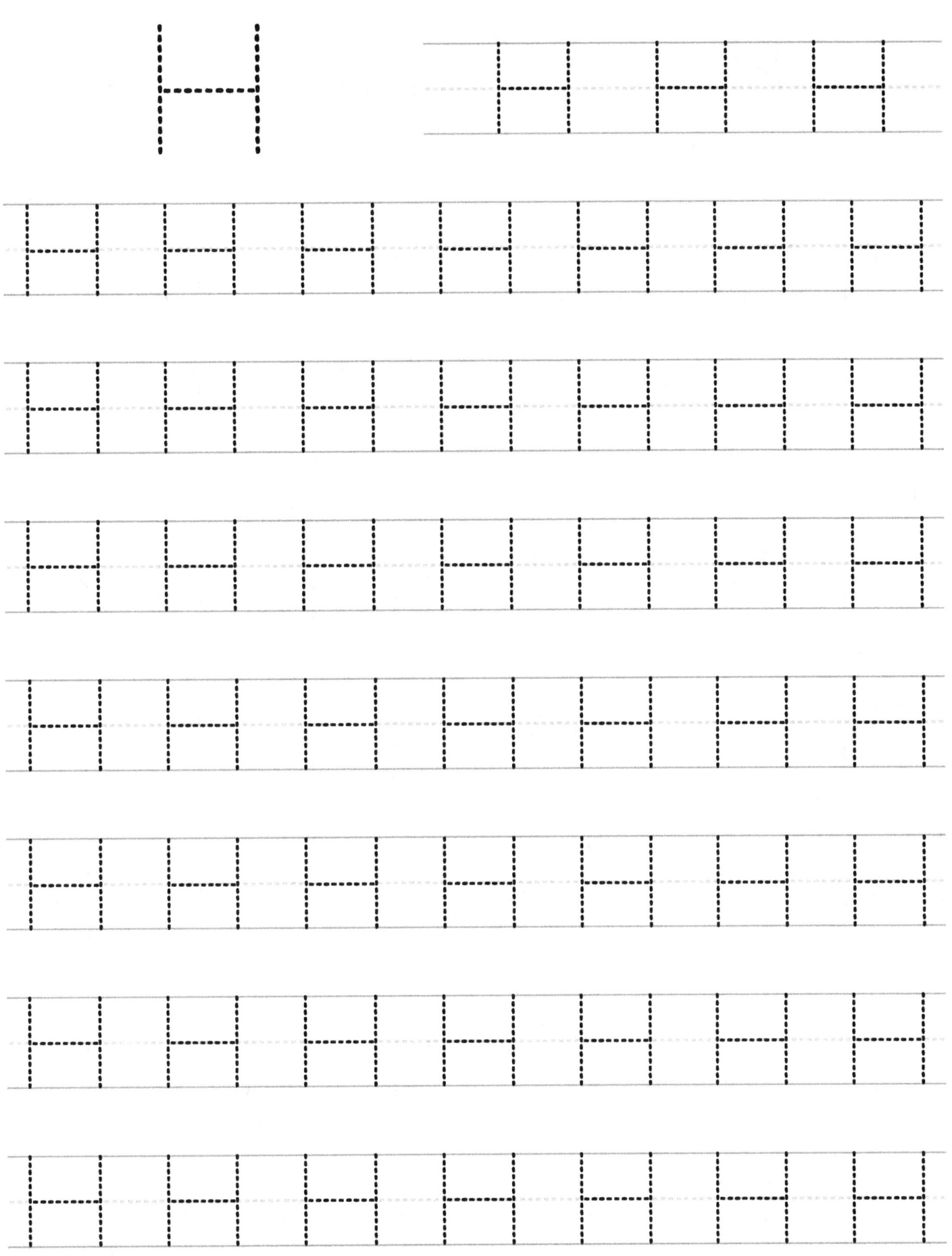

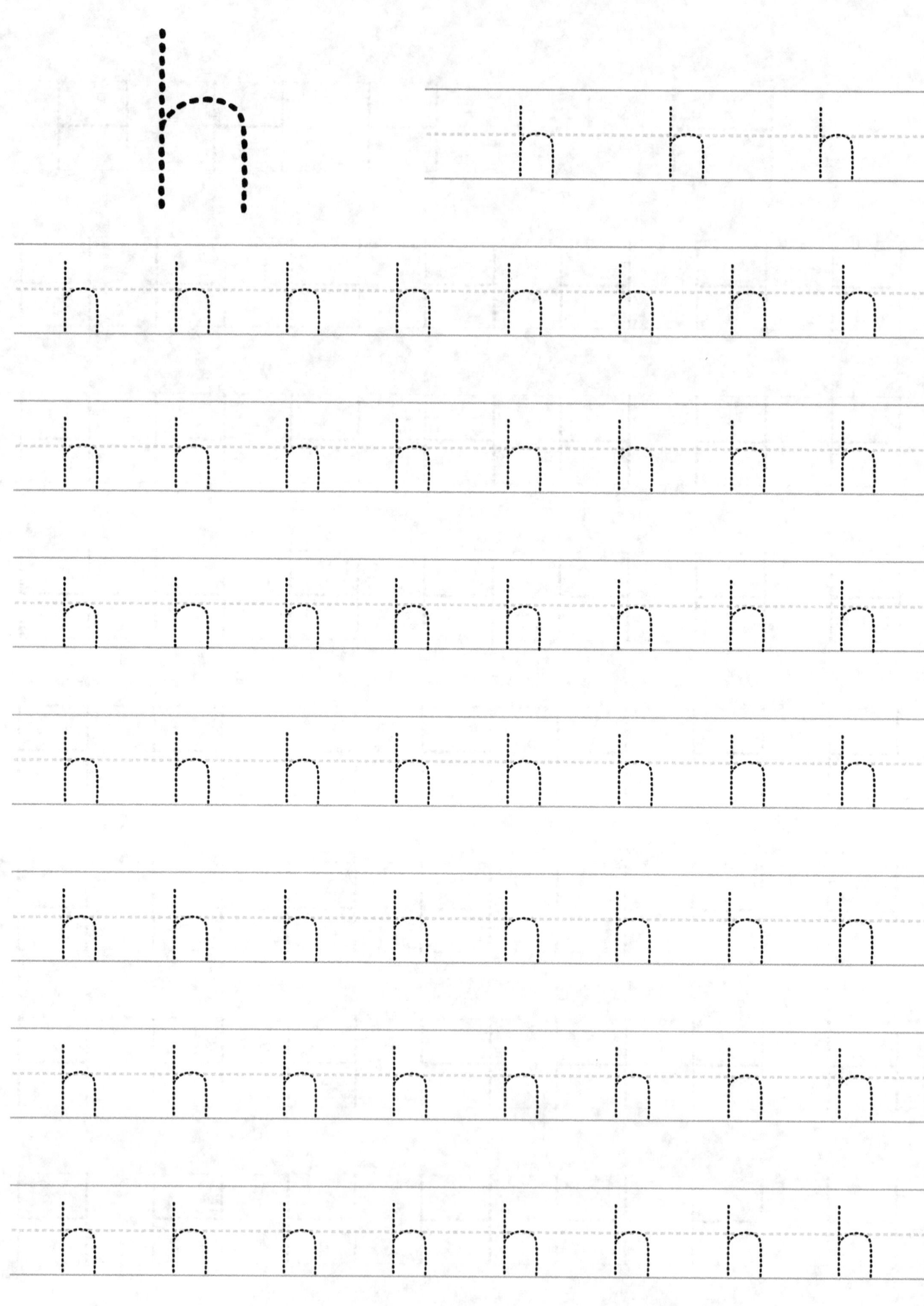

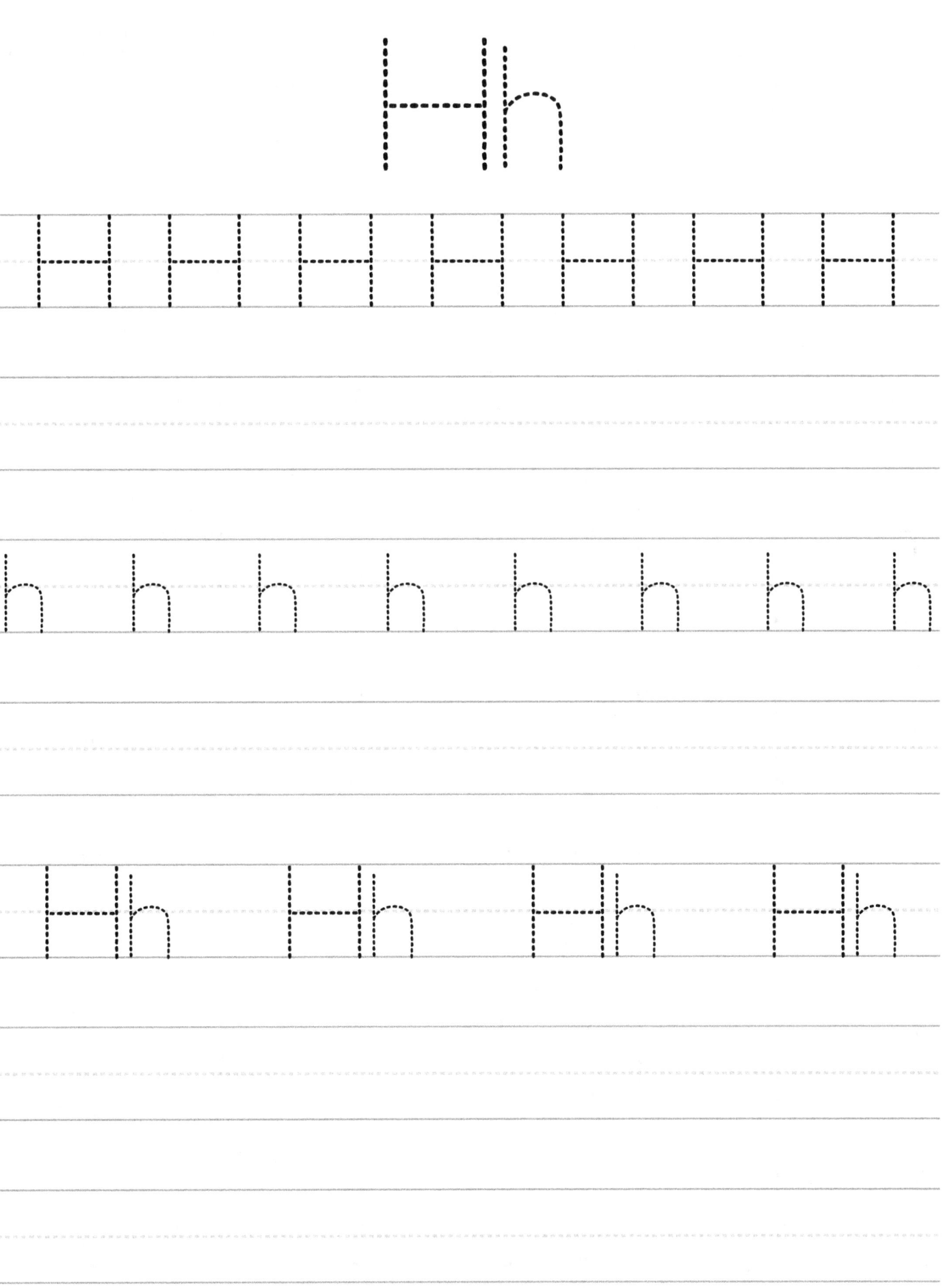

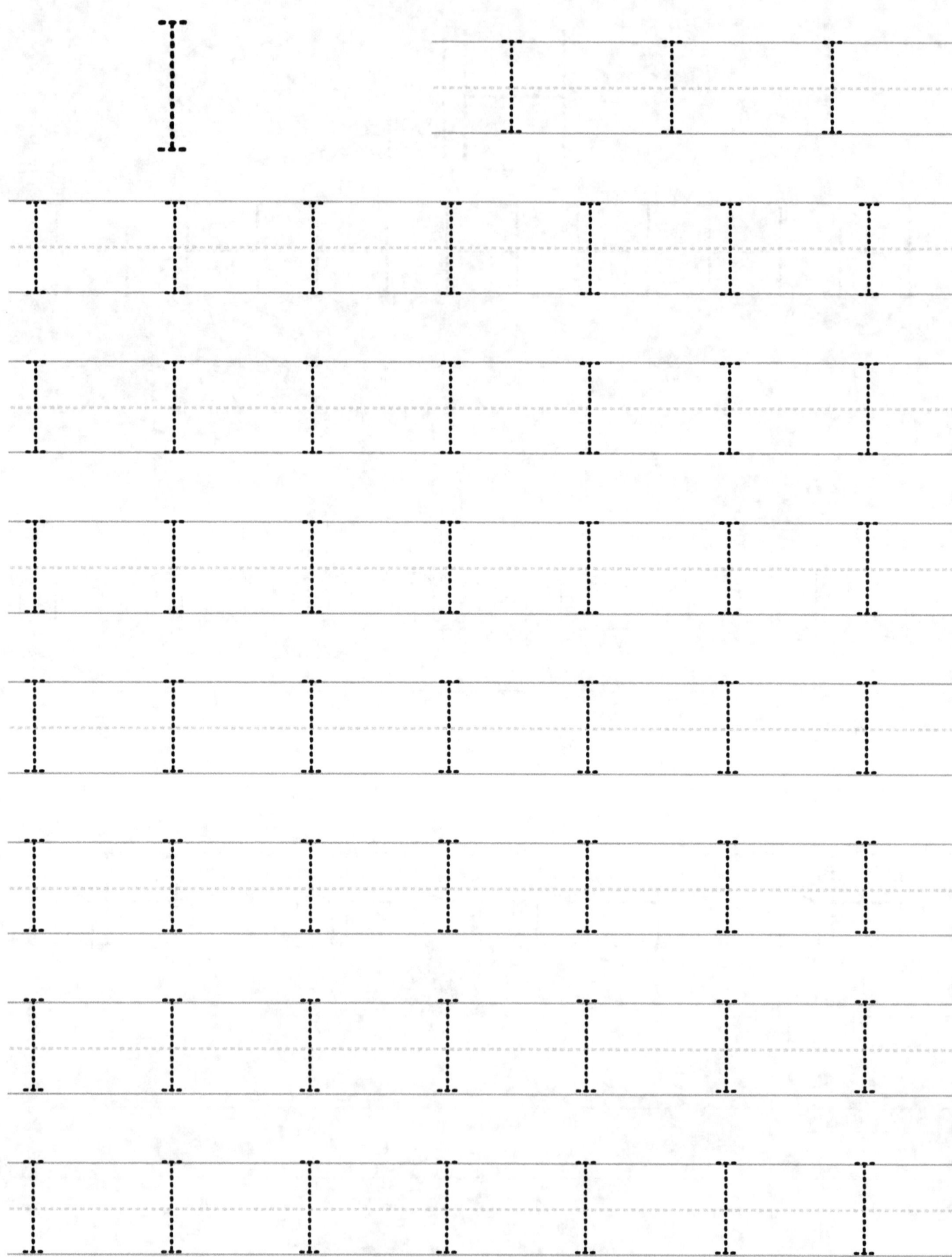

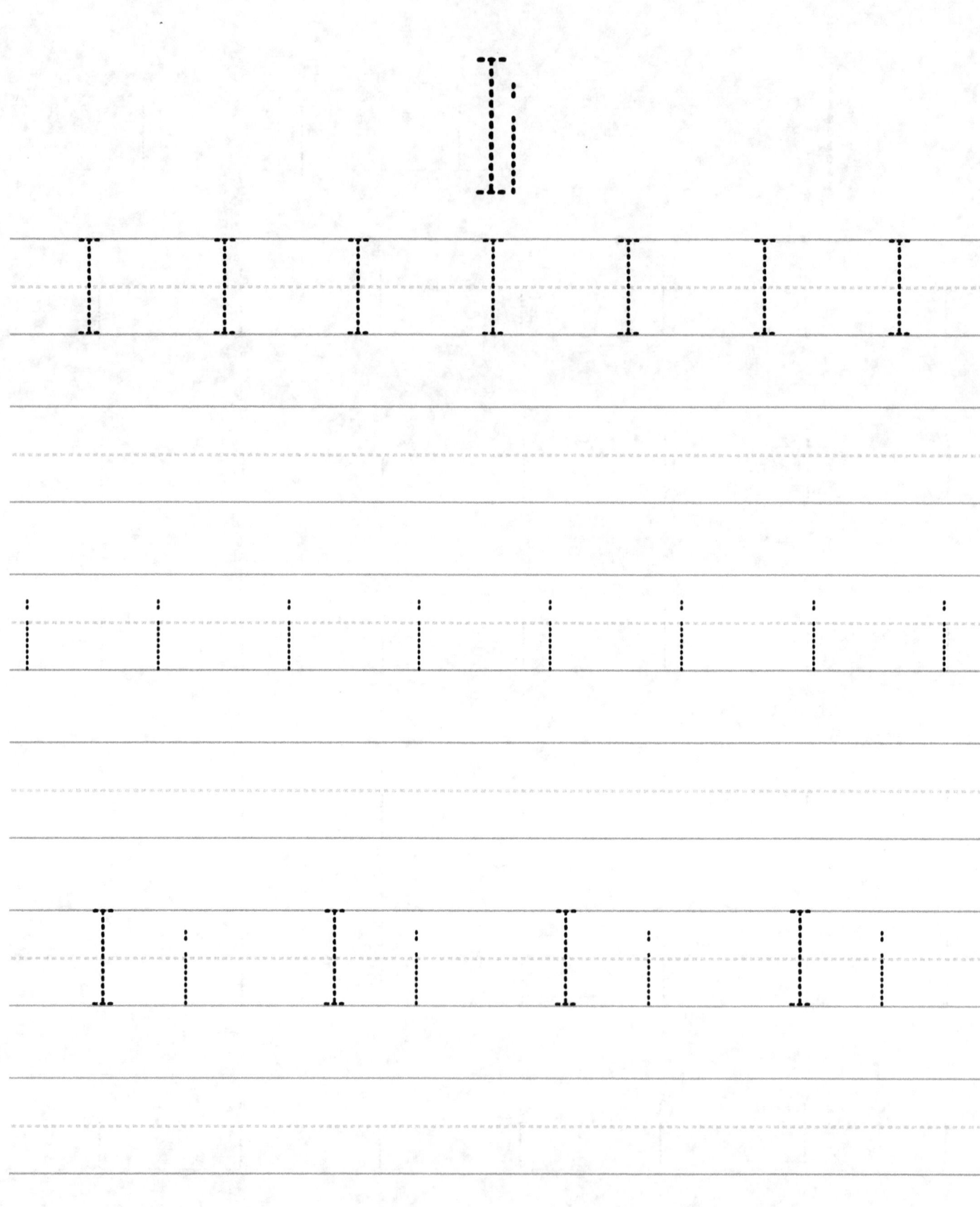

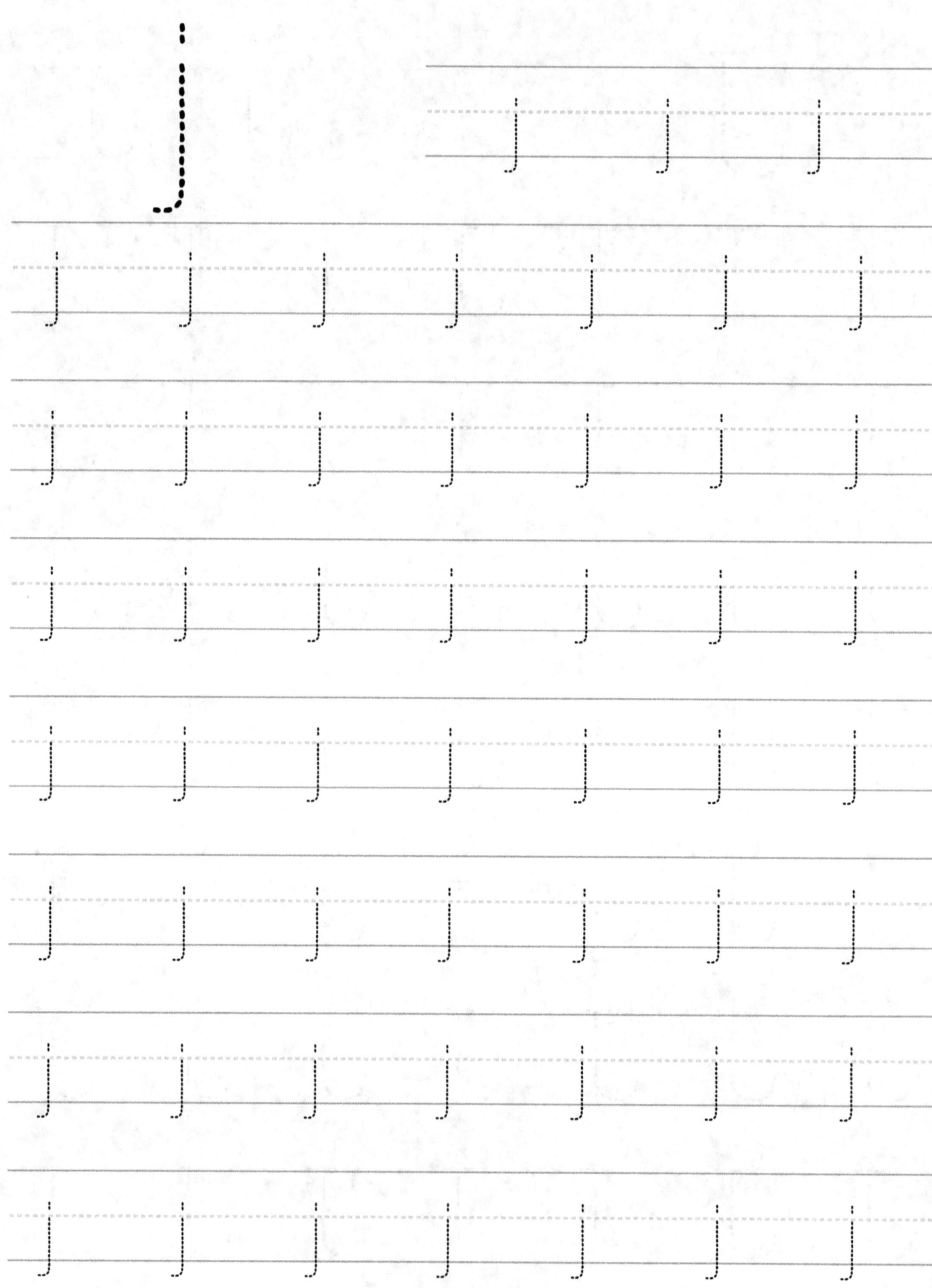

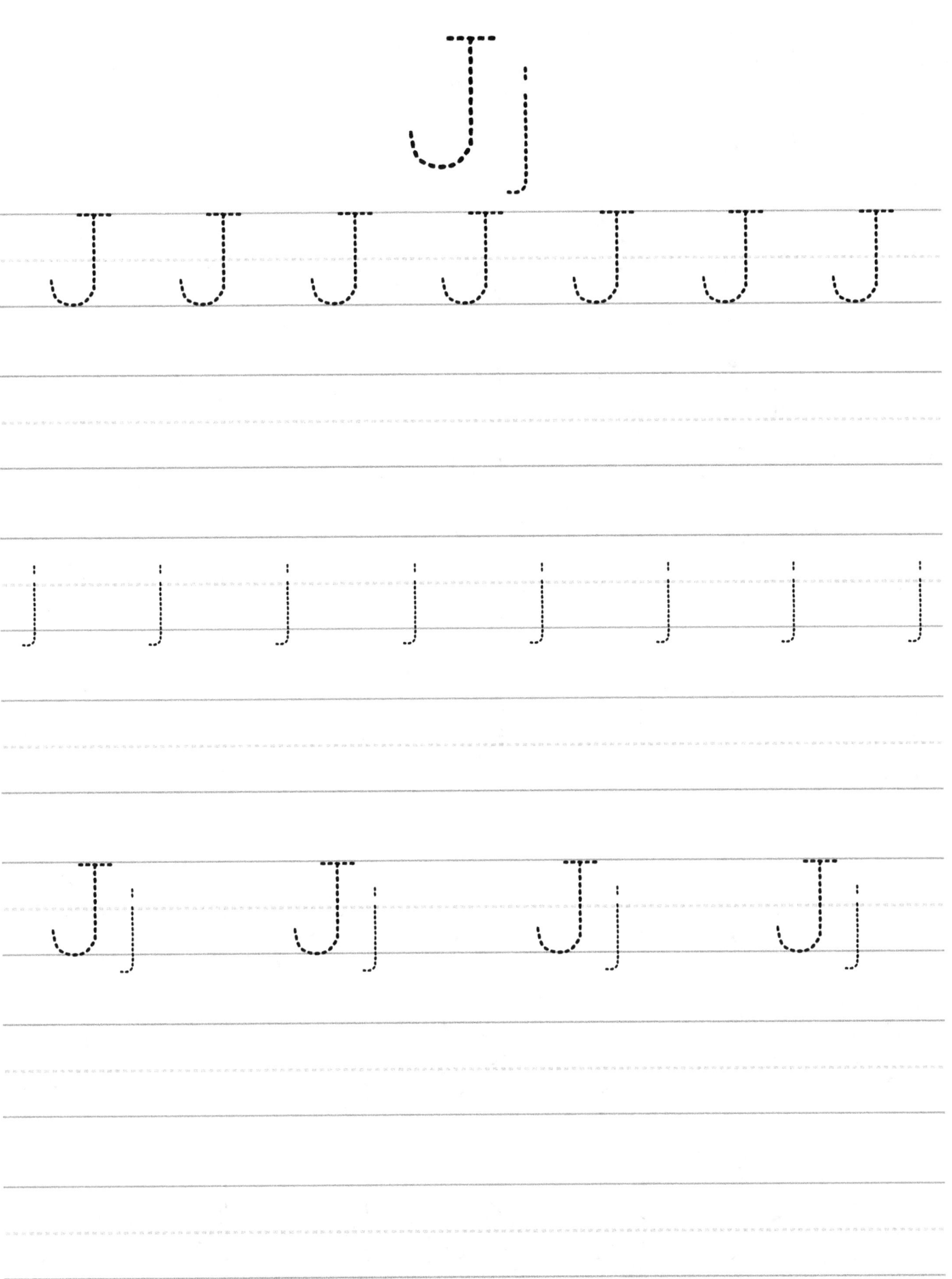

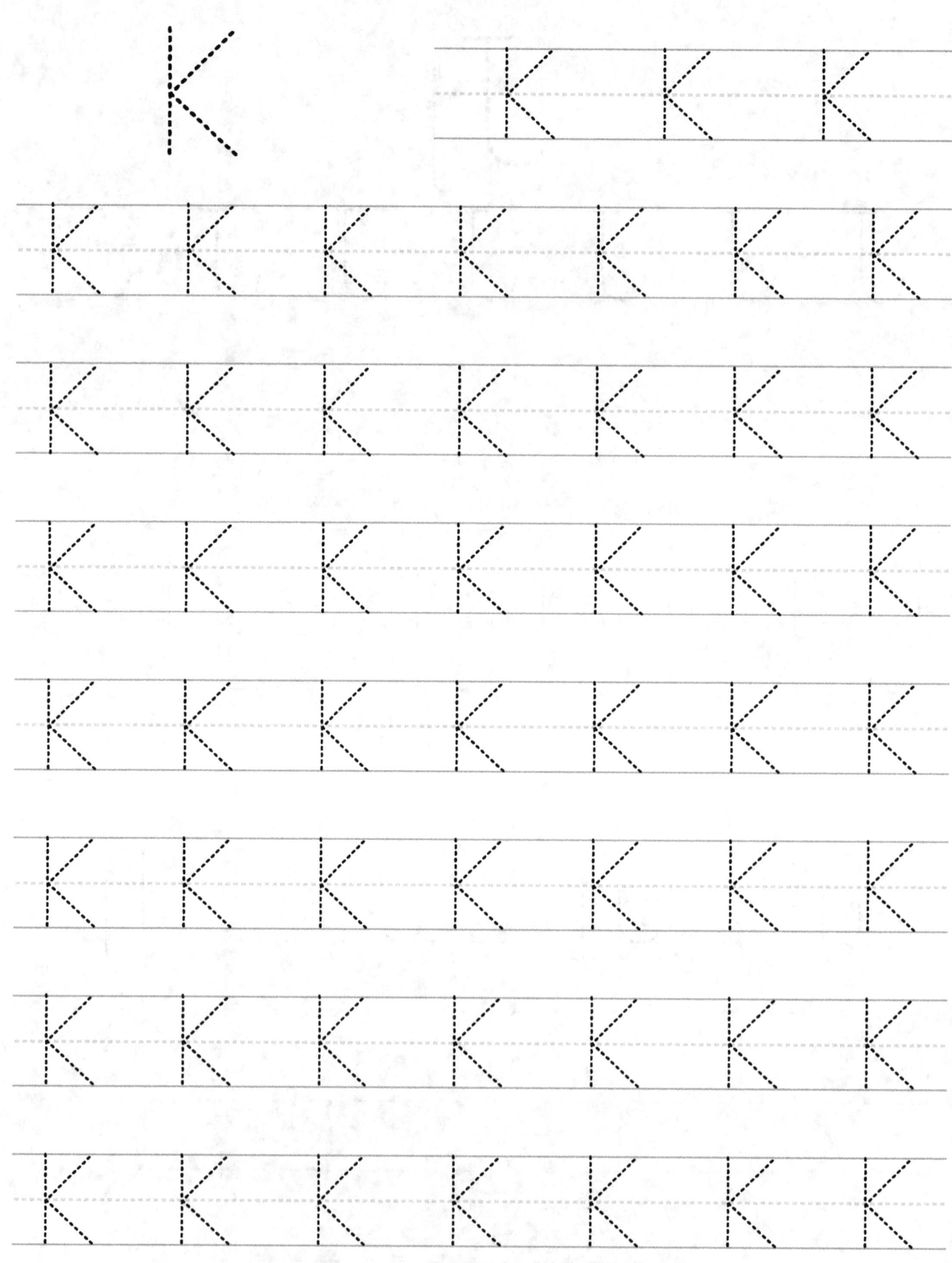

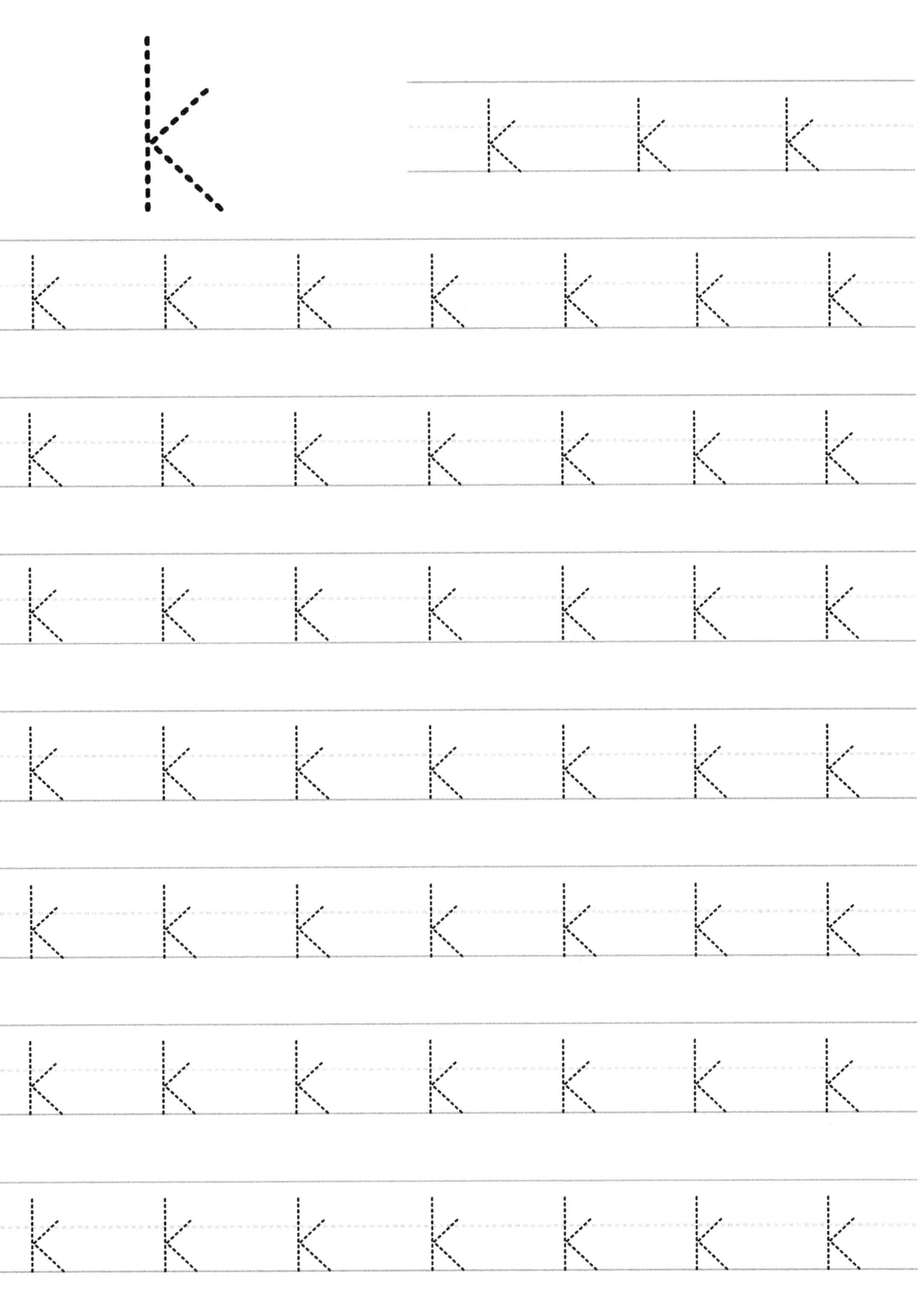

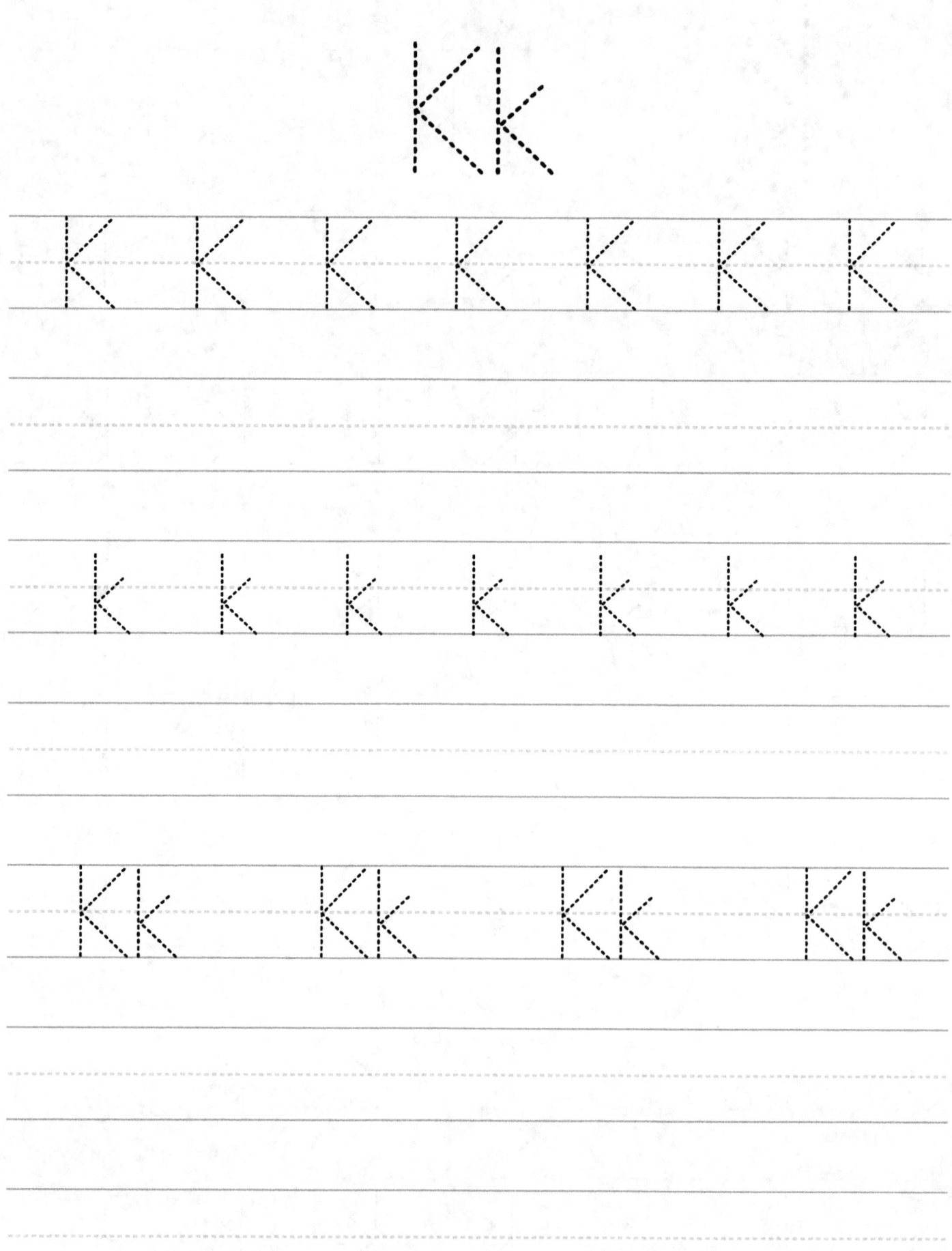

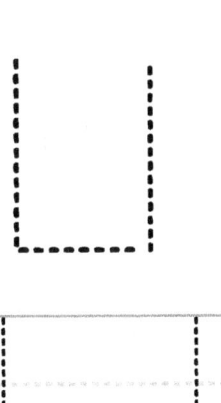

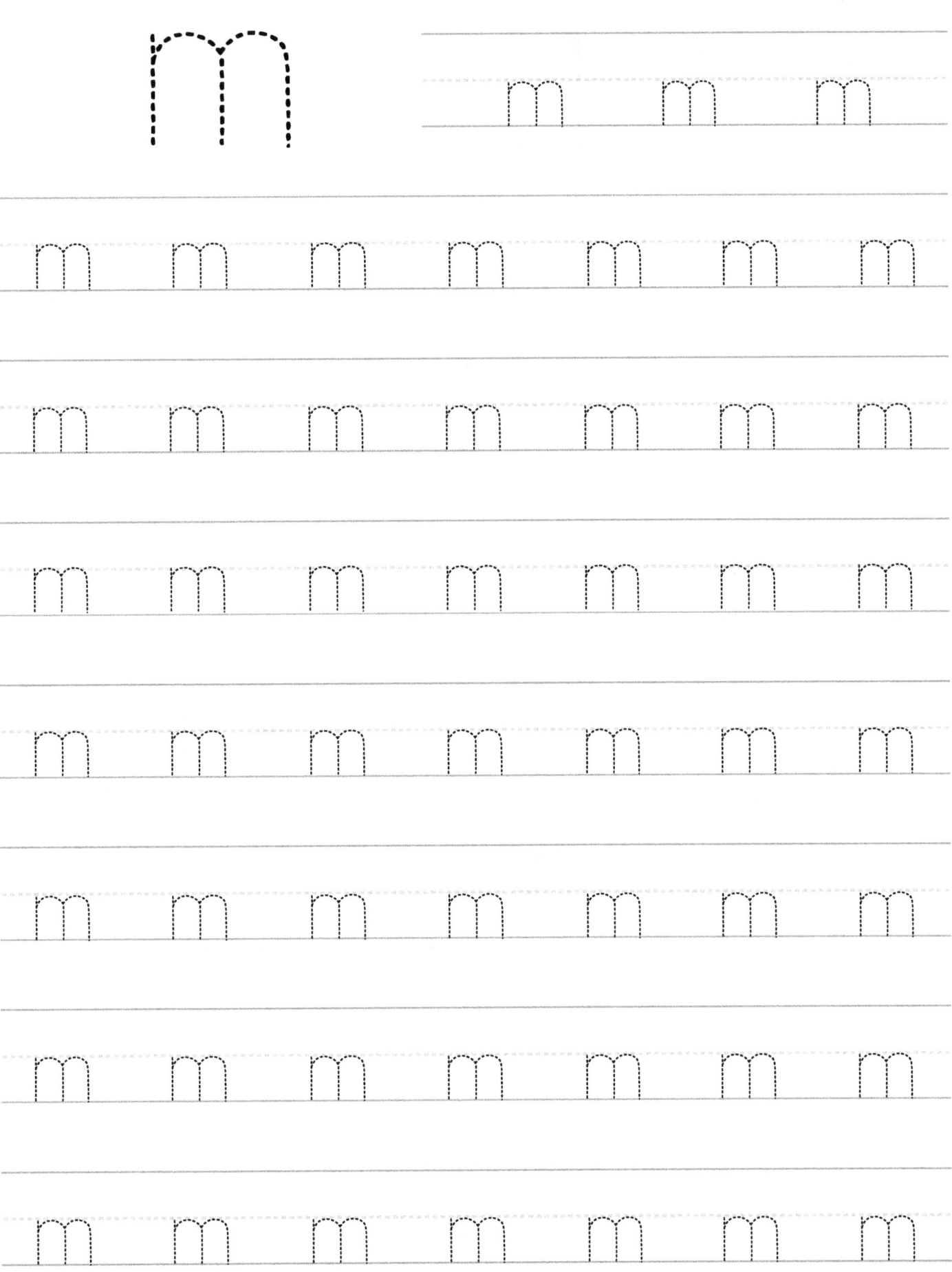

Mm

M M M M M M M

m m m m m m m

Mm Mm Mm Mm

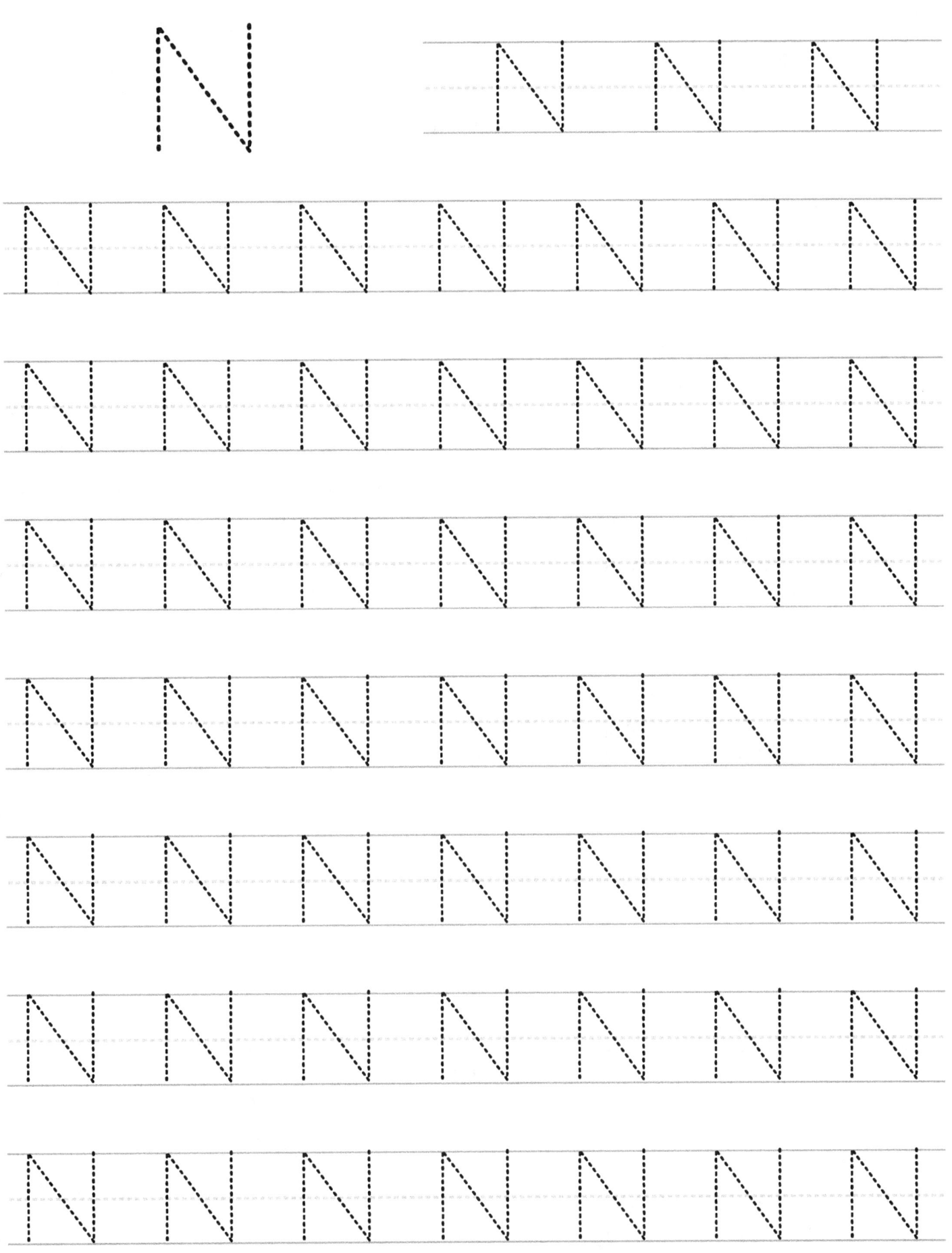

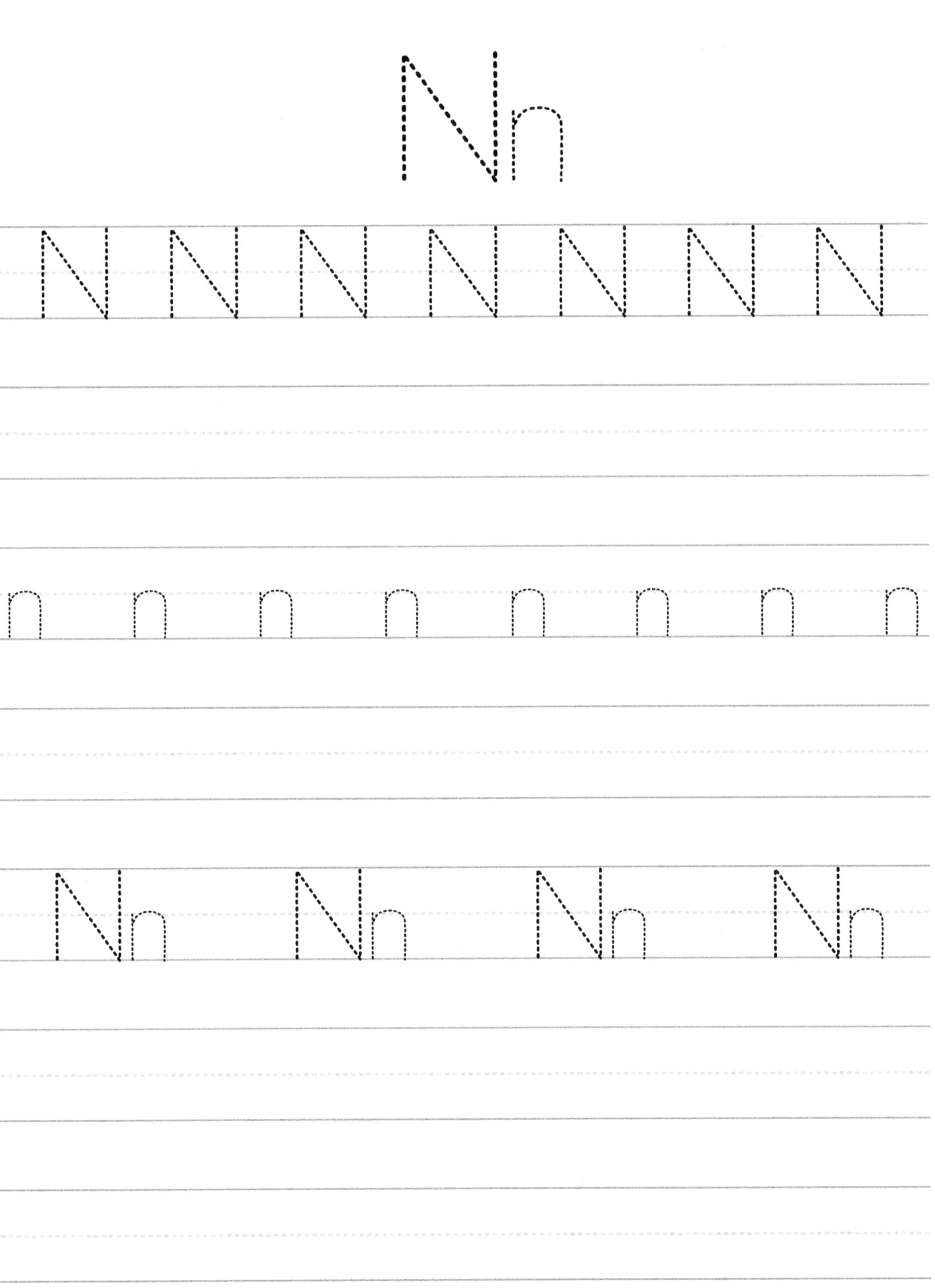

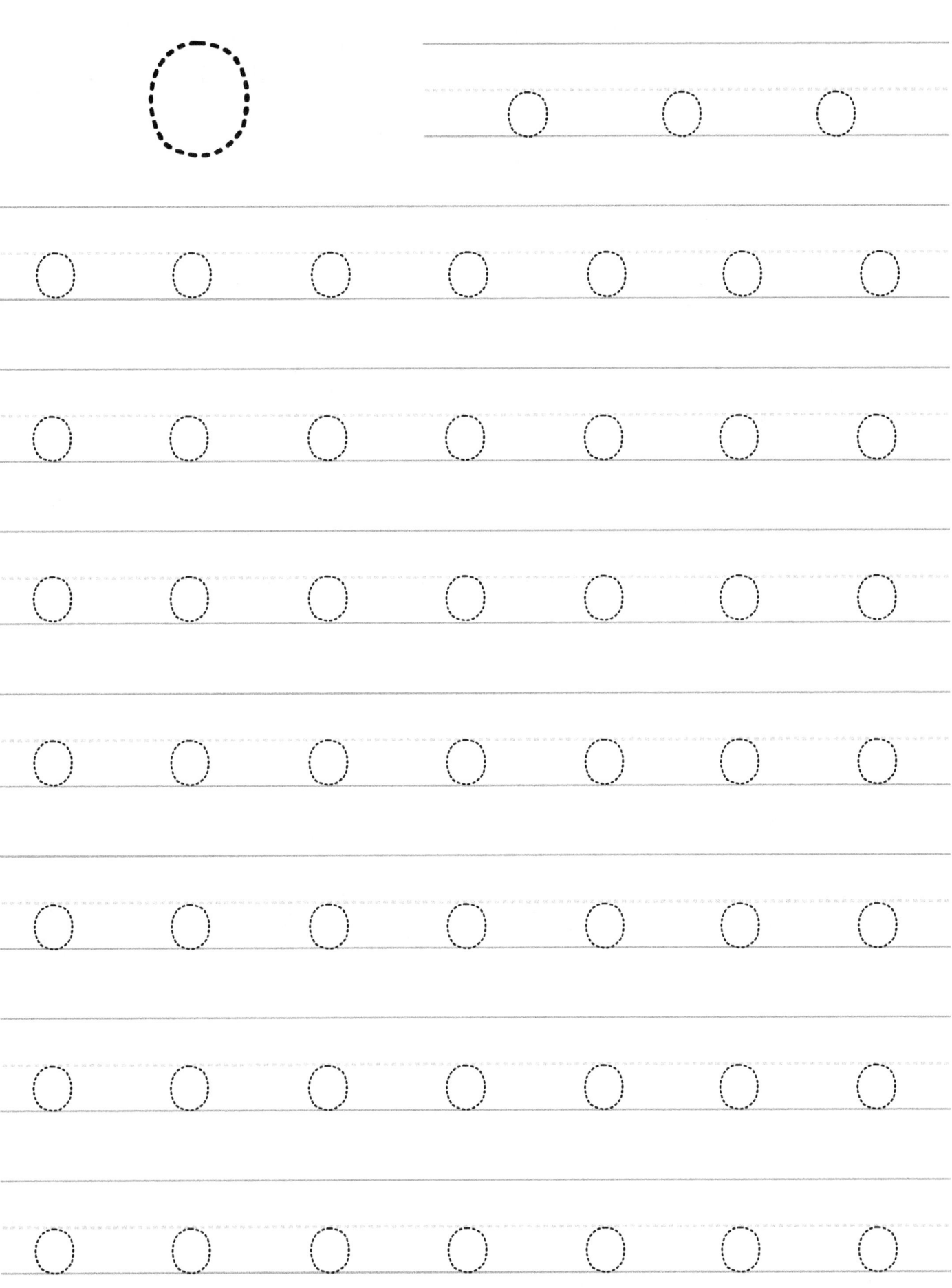

P

p

p p p

p p p p p p p

p p p p p p p

p p p p p p p

p p p p p p p

p p p p p p p

p p p p p p p

p p p p p p p

Pp

P P P P P P P

p p p p p p p

Pp Pp Pp Pp Pp

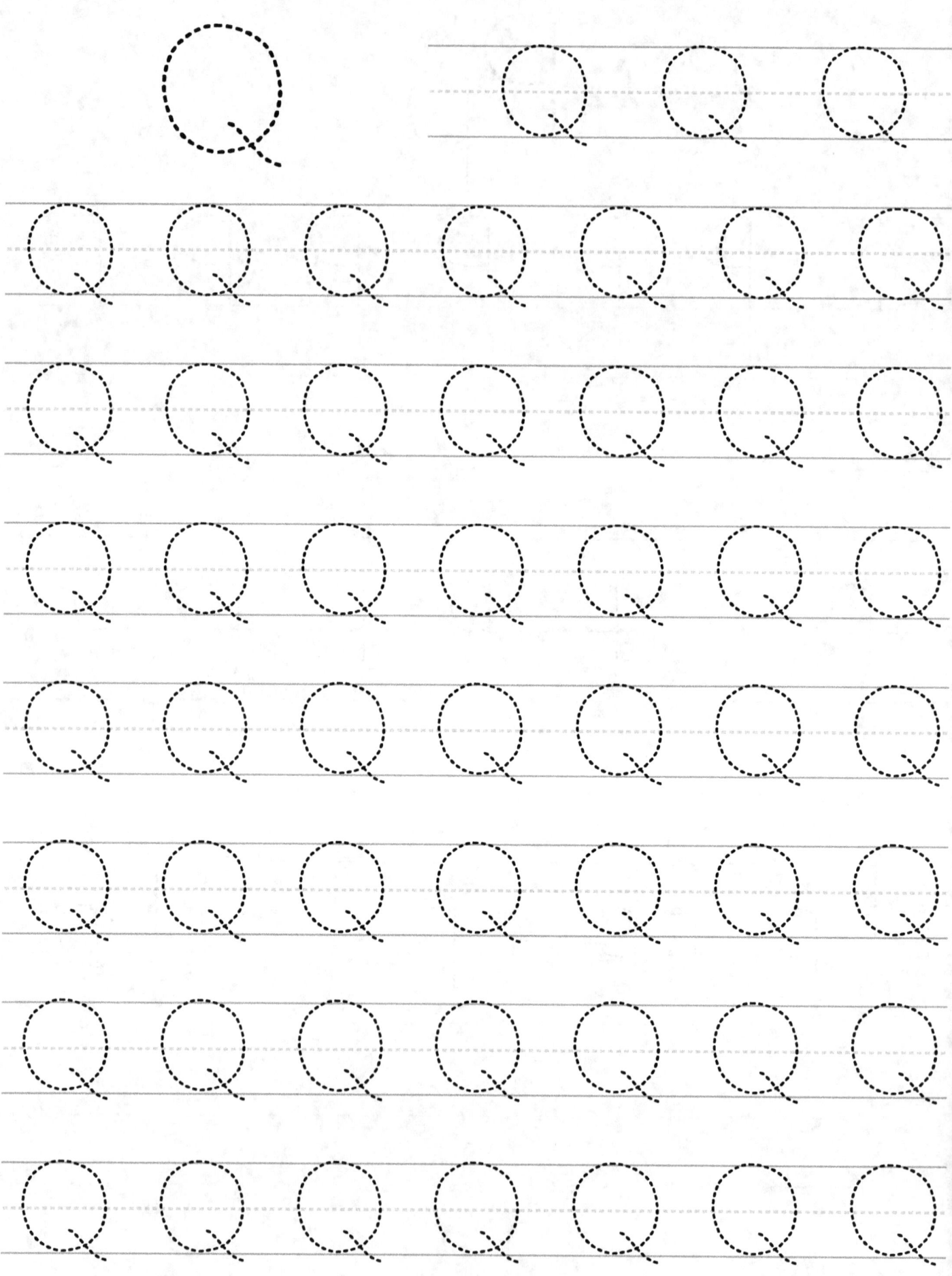

q

Qq

R

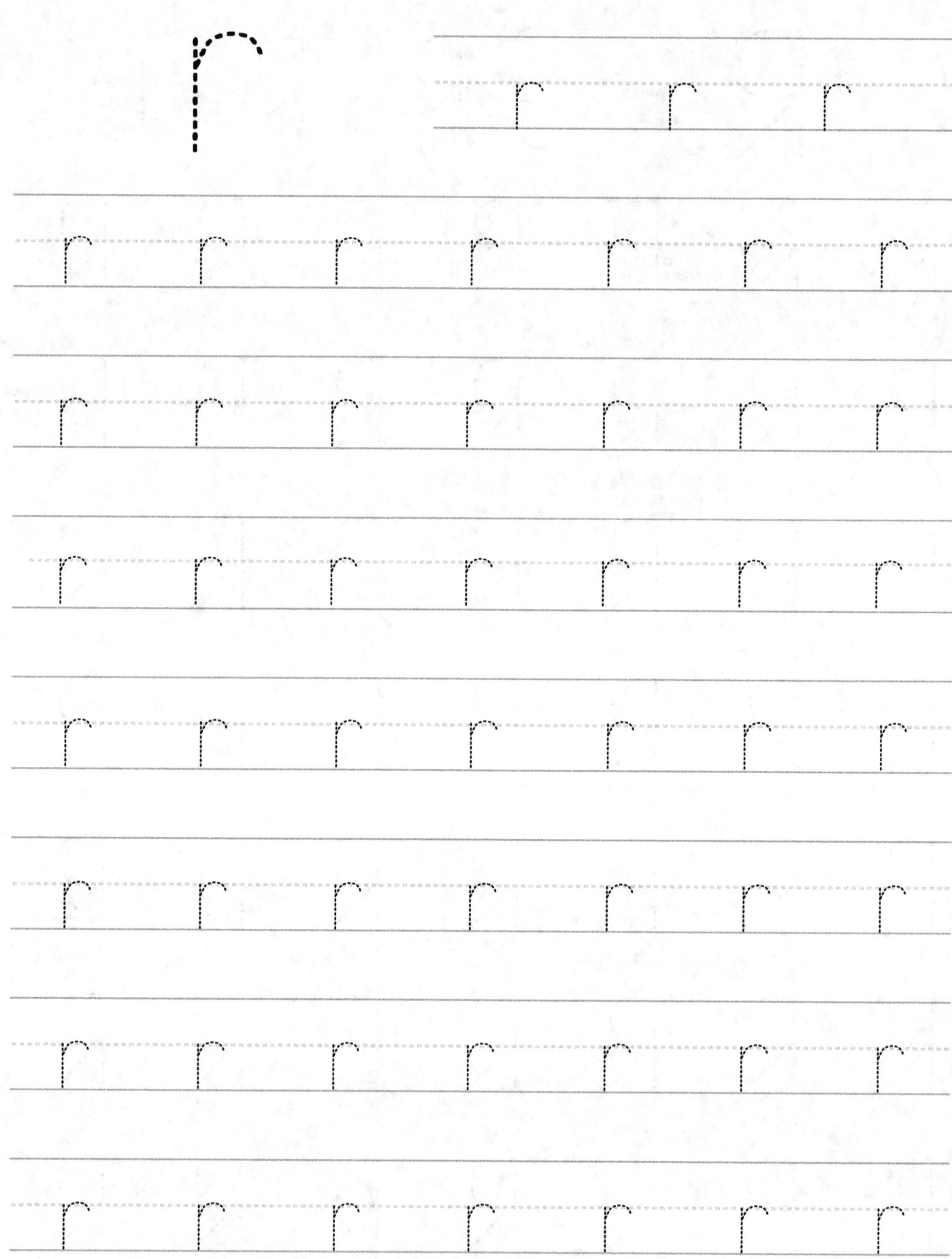

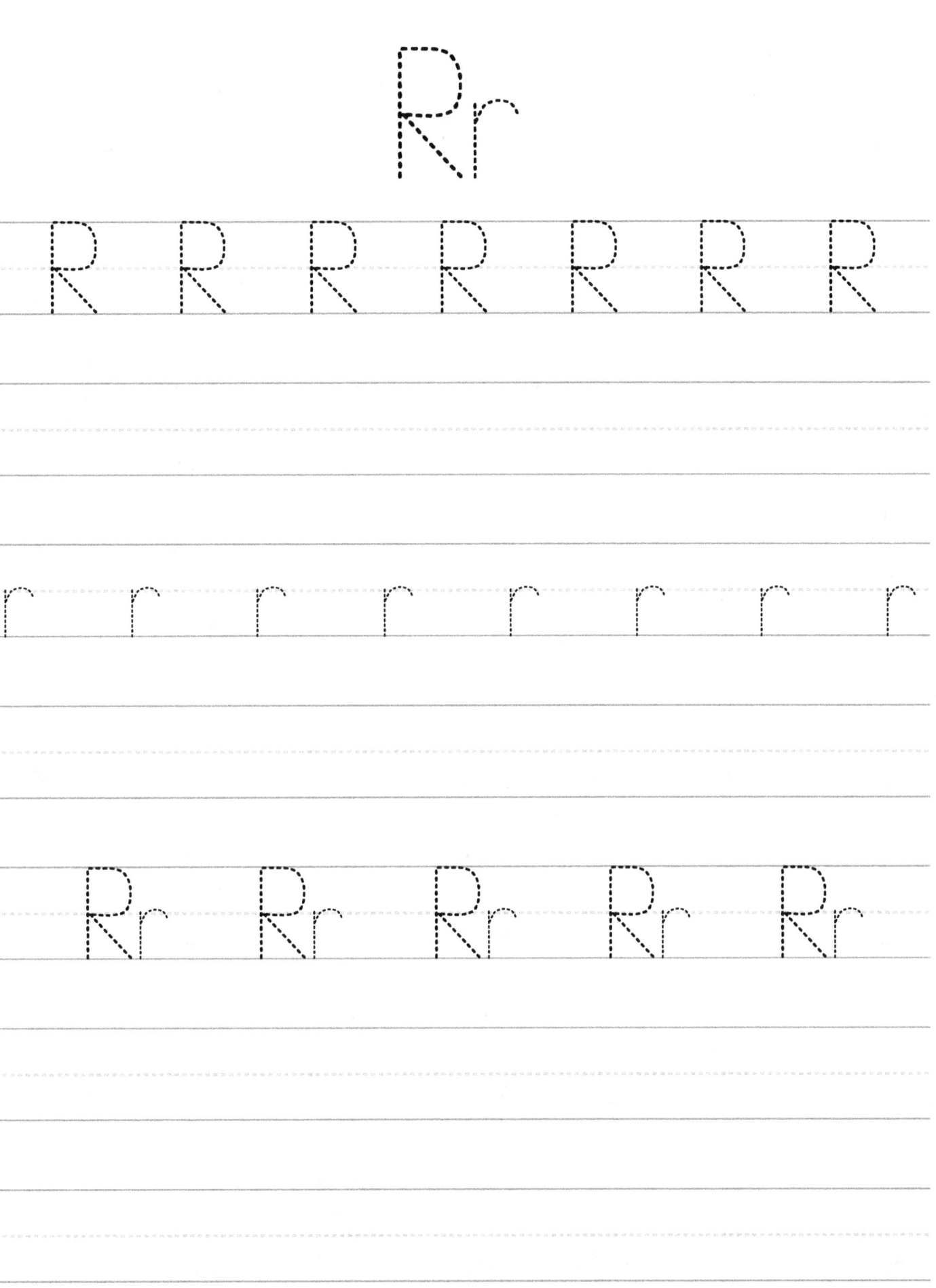

Ss

S S S S S S S

s s s s s s s

Ss Ss Ss Ss

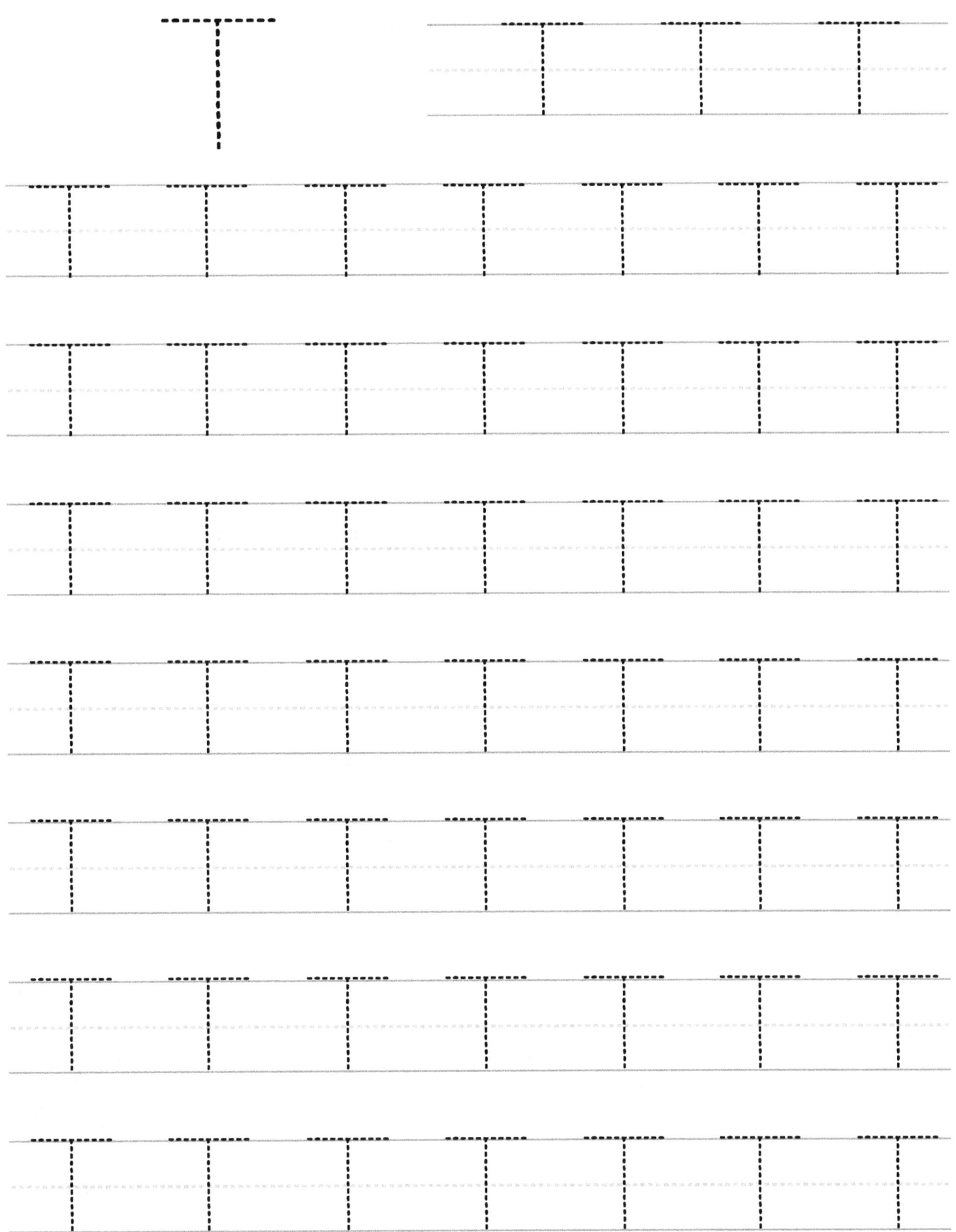

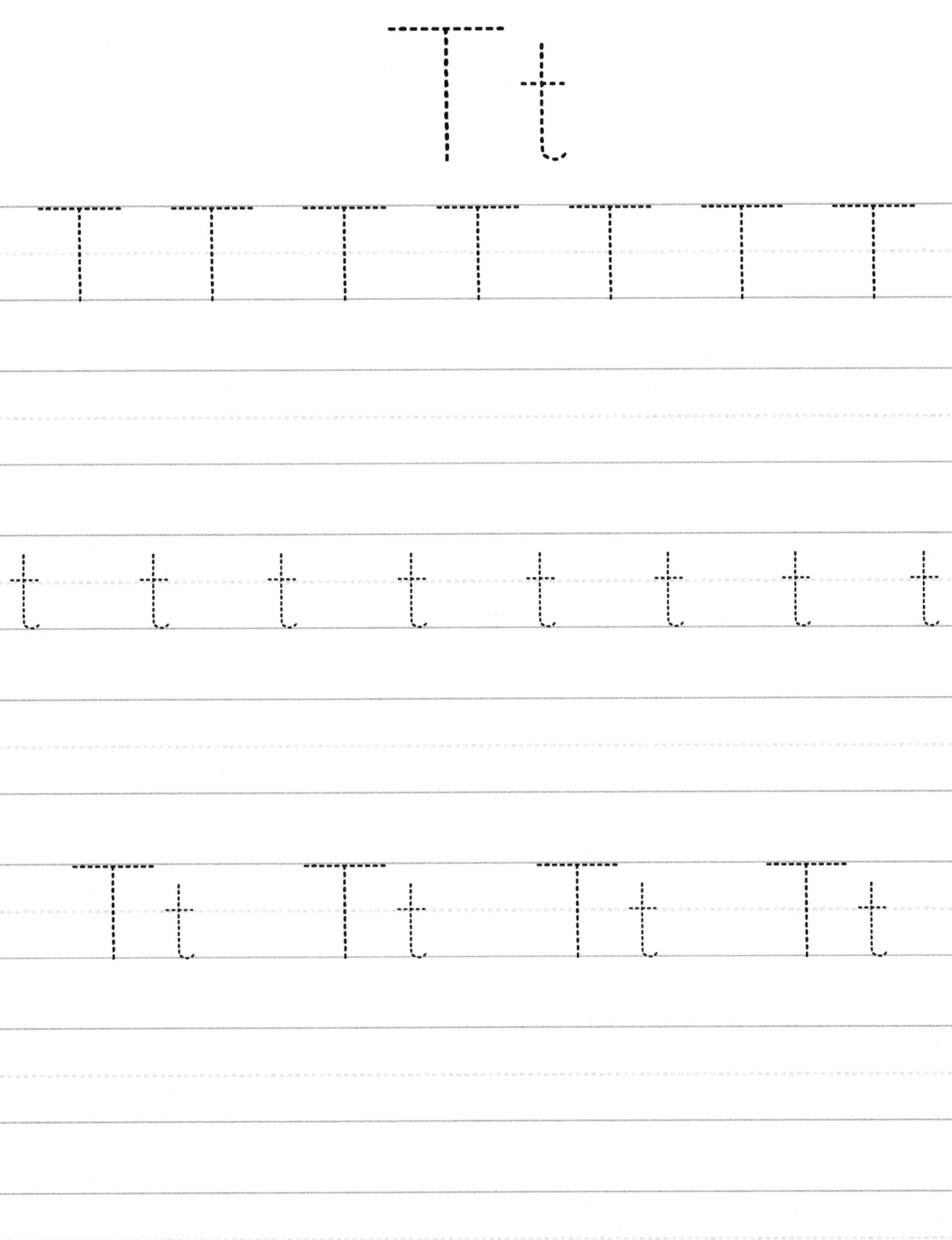

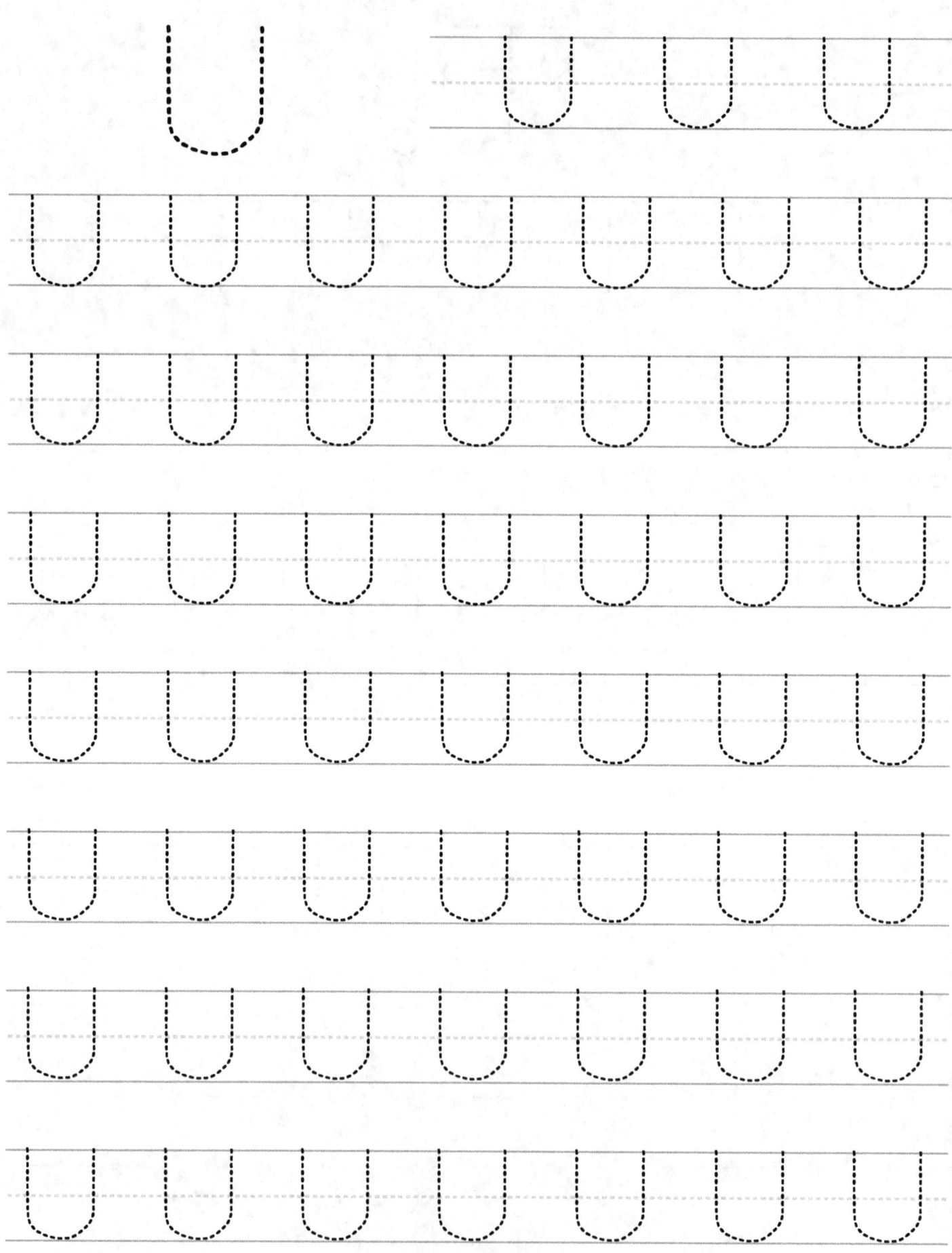

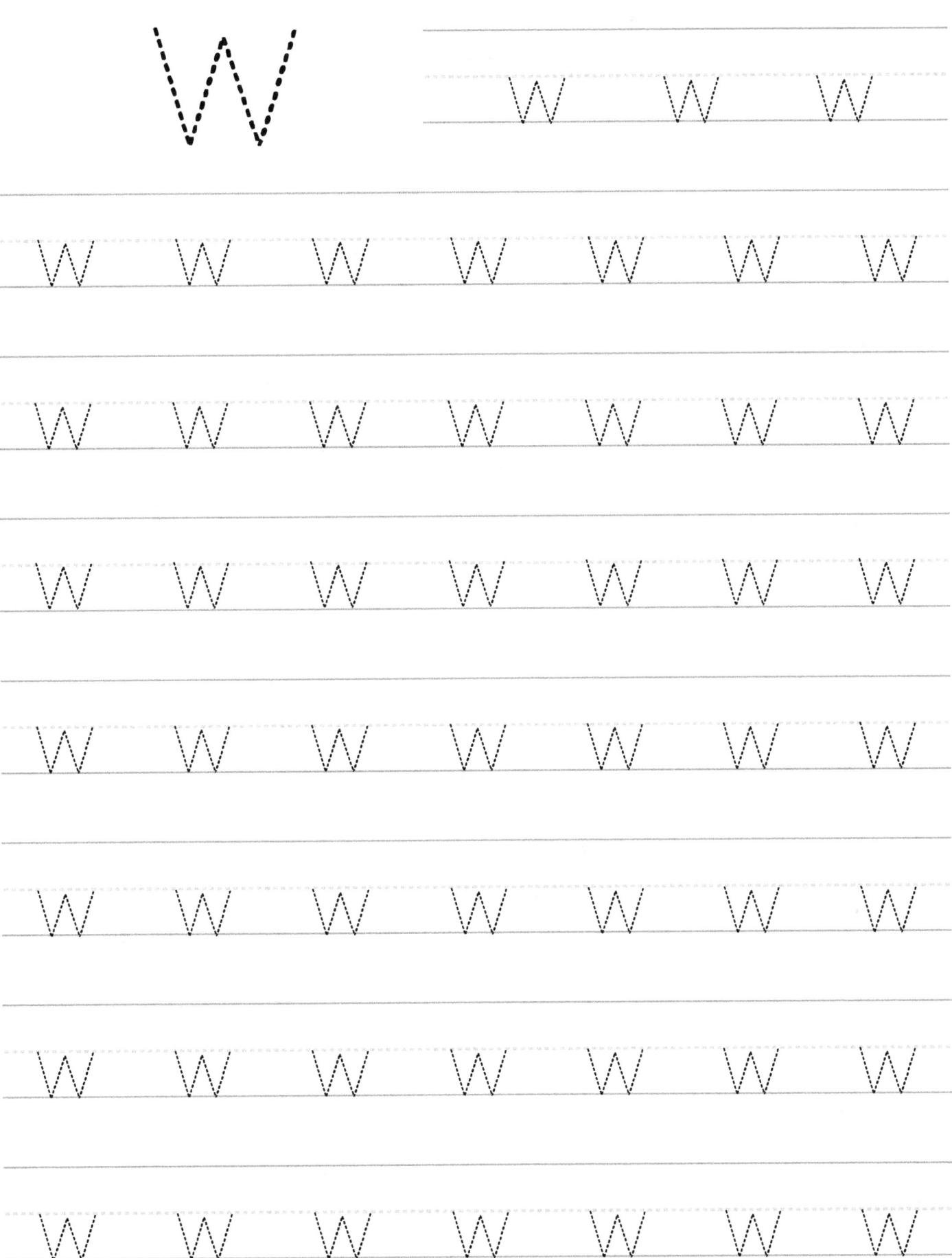

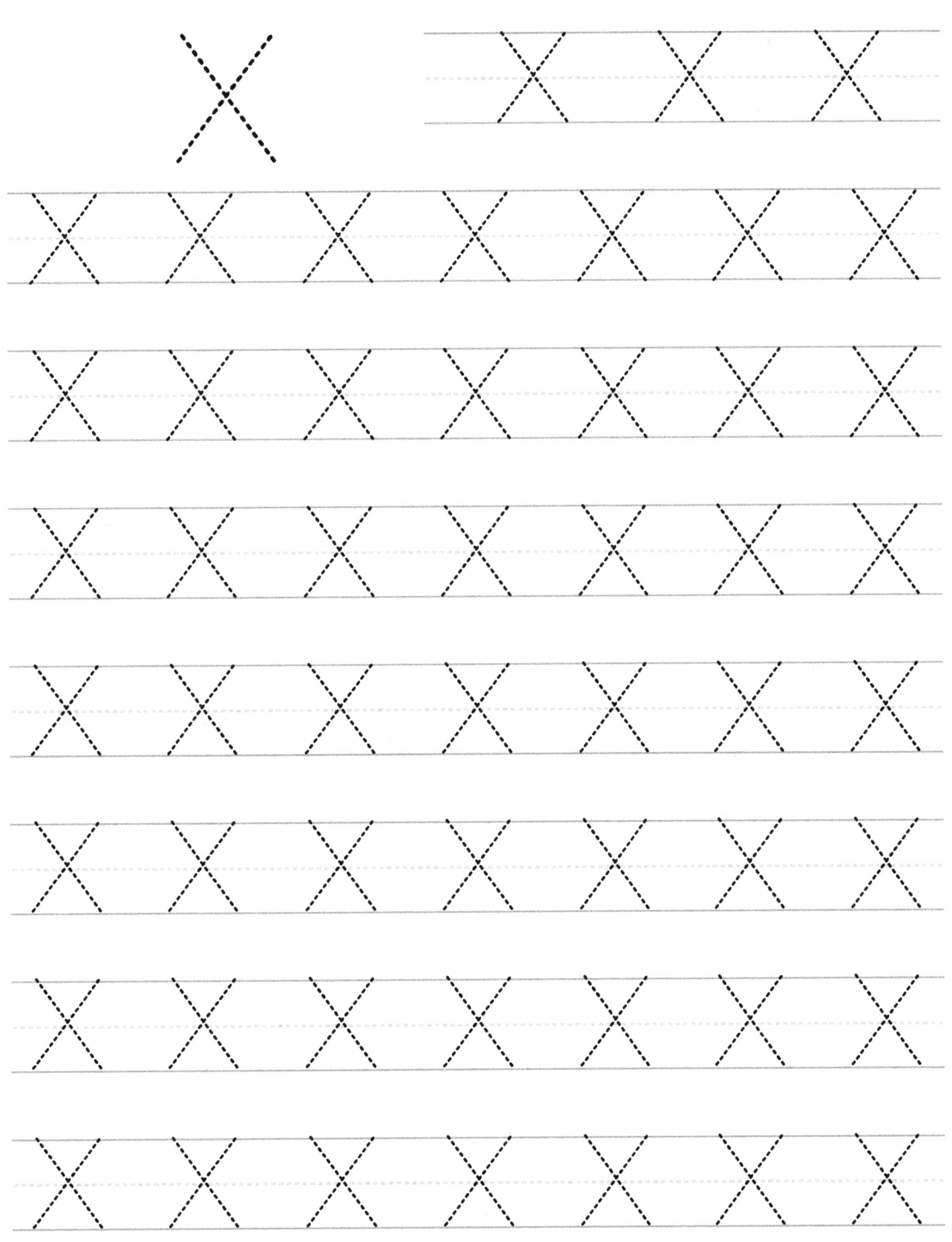

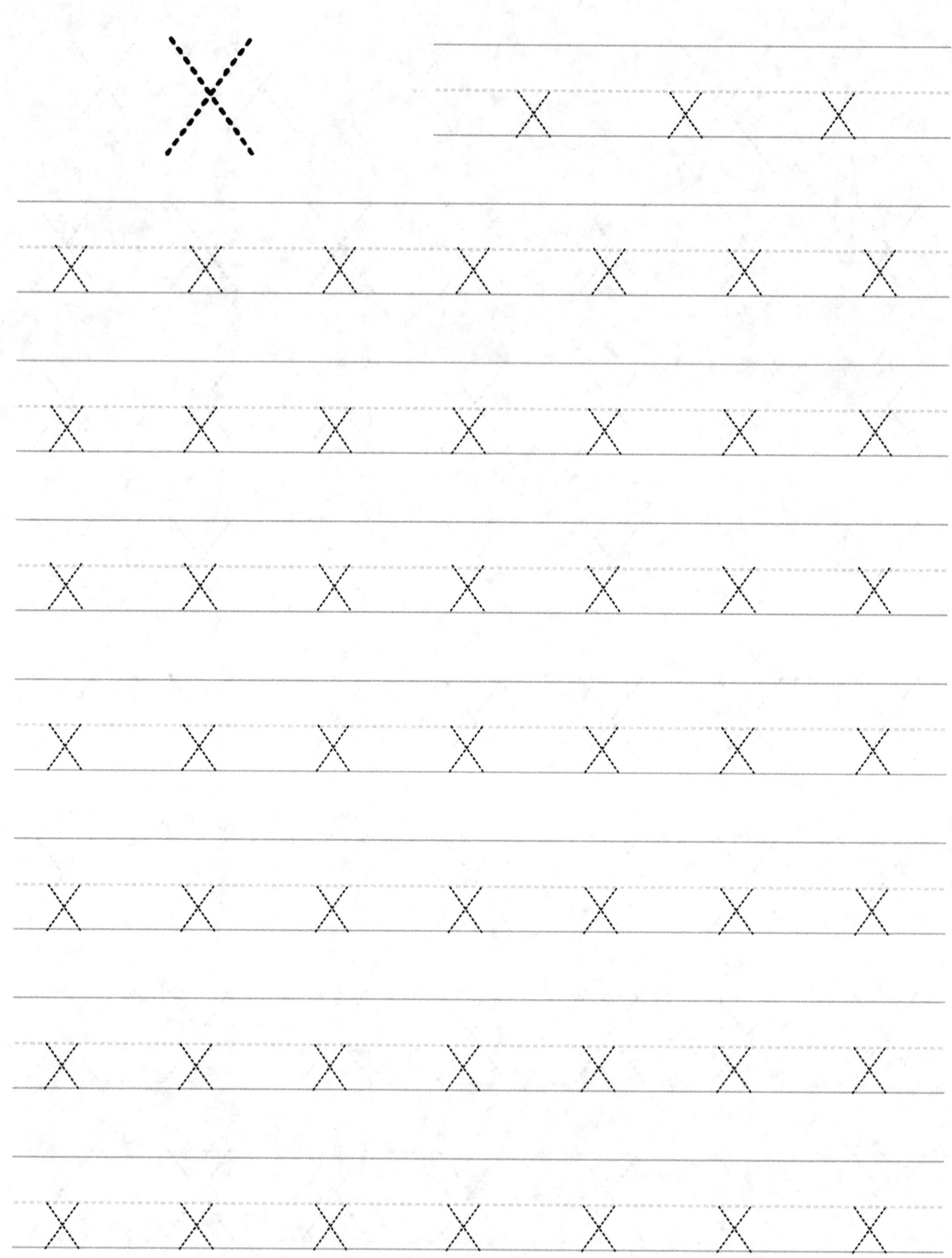

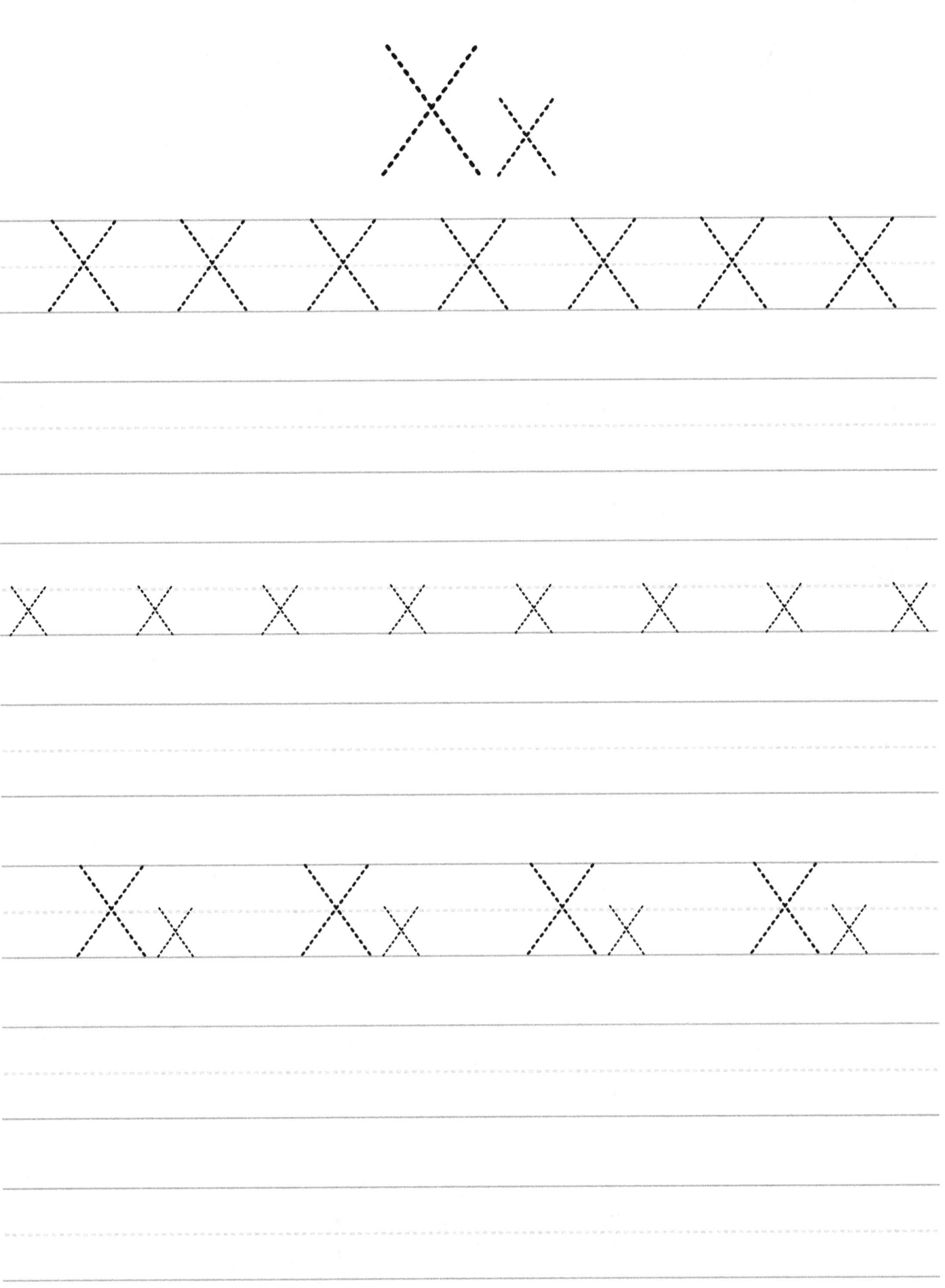

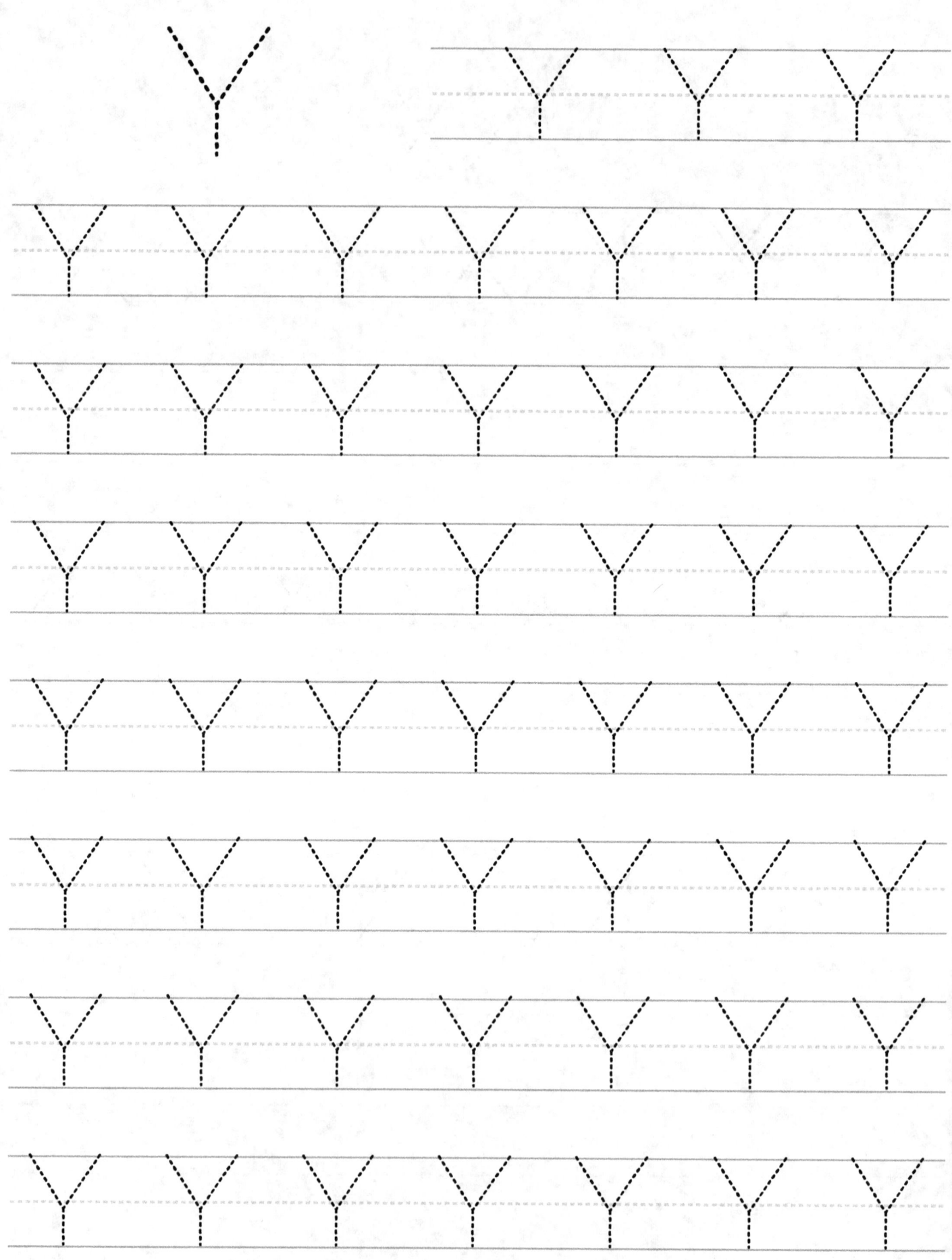

y

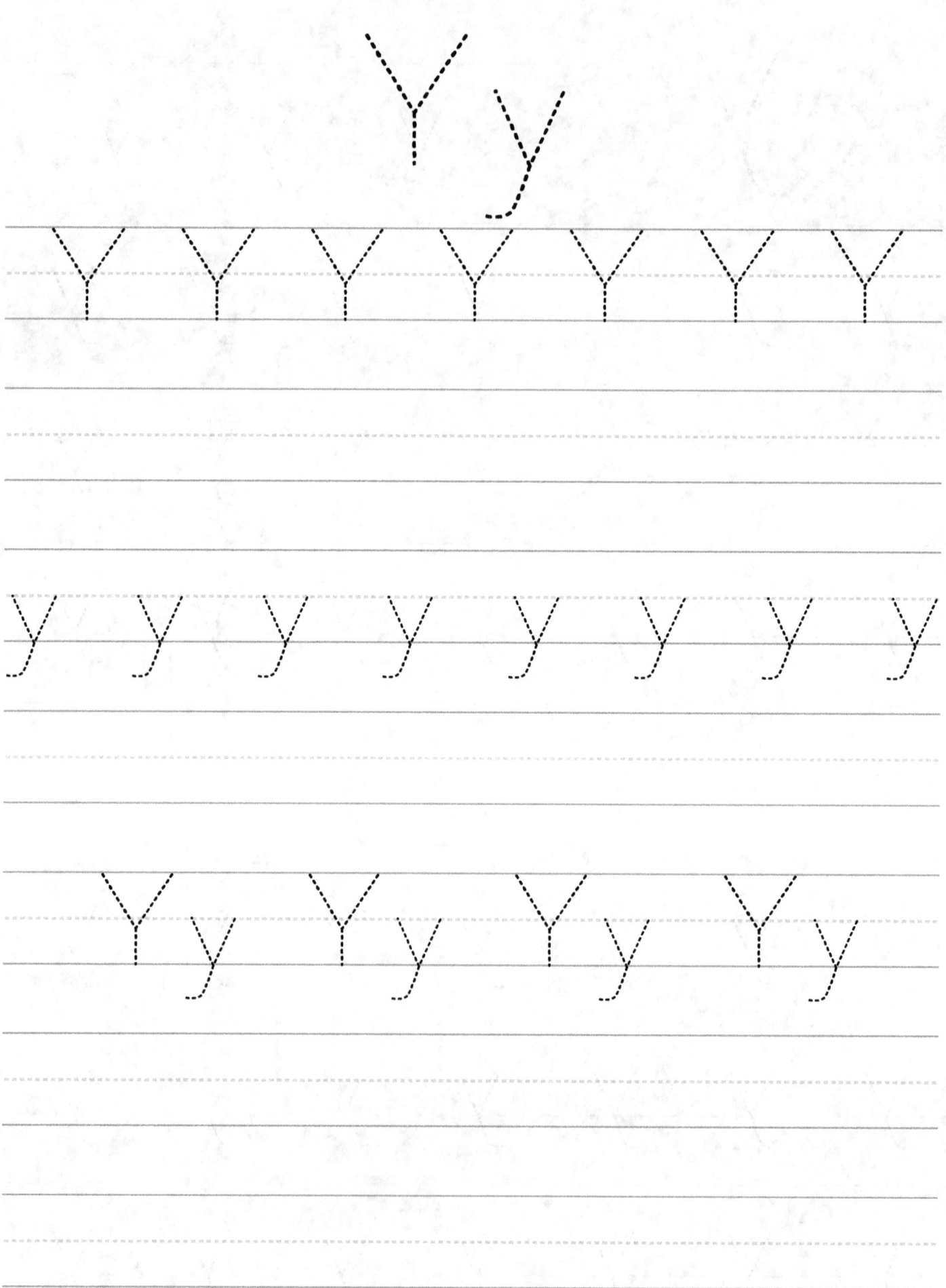

Z

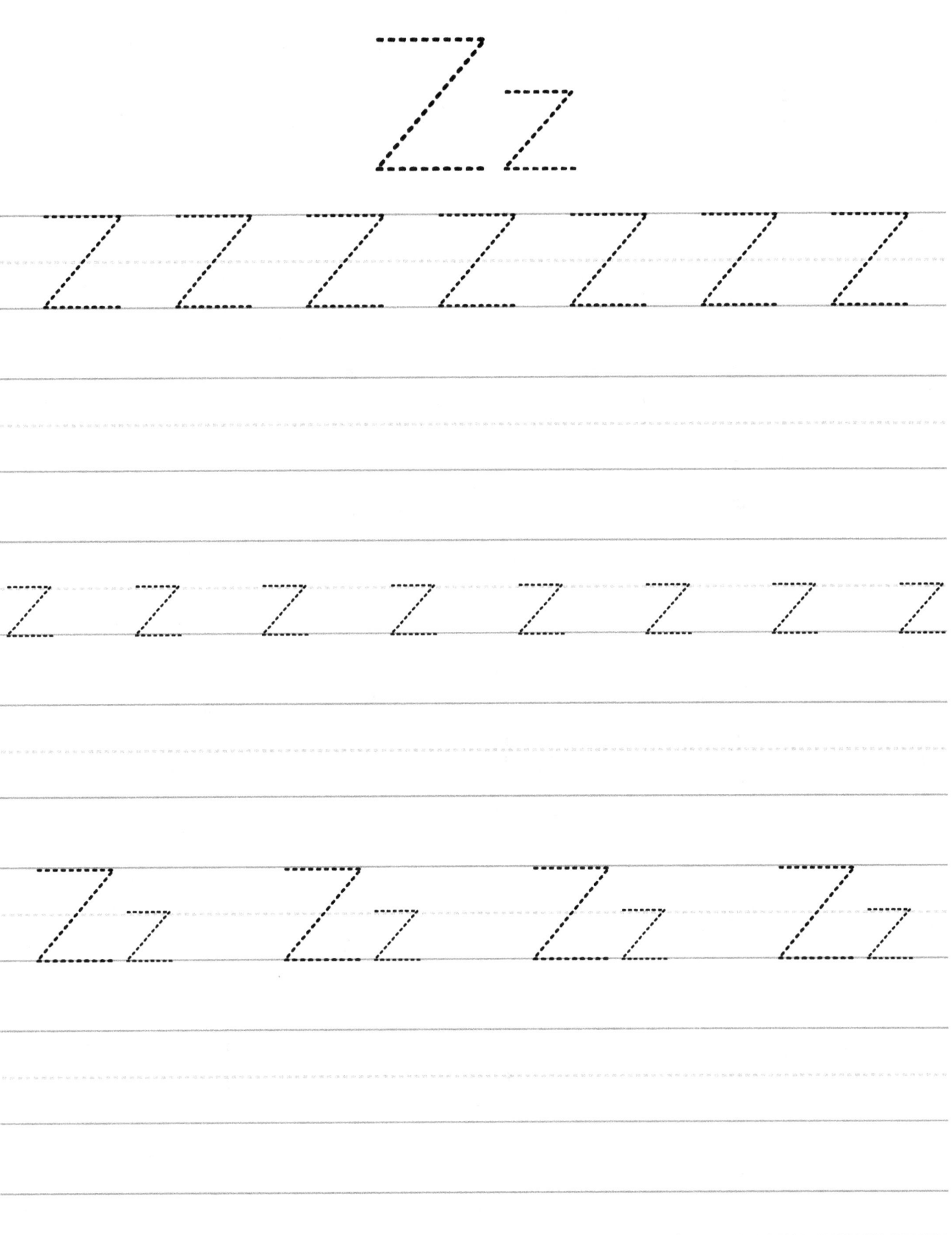

2

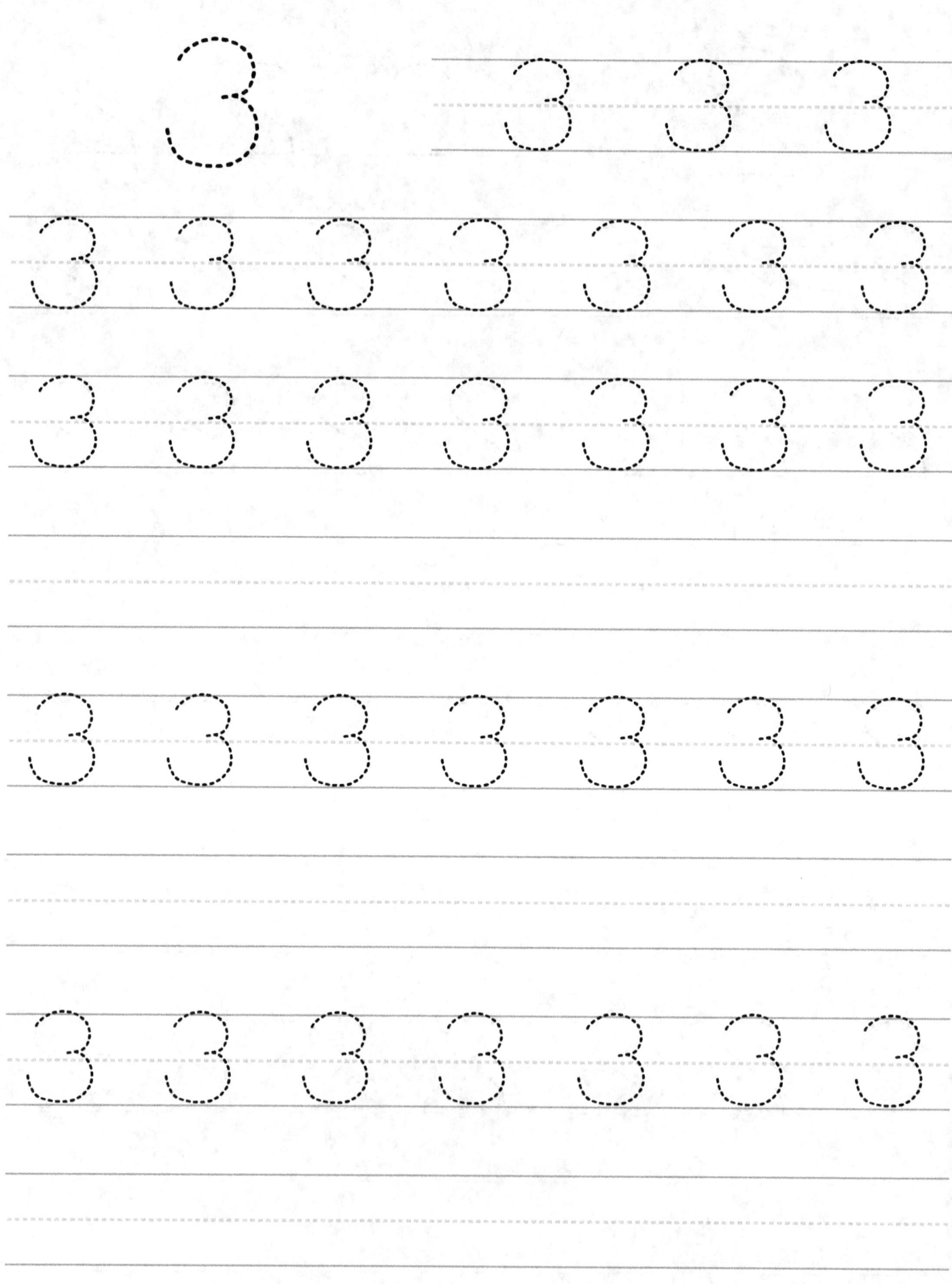

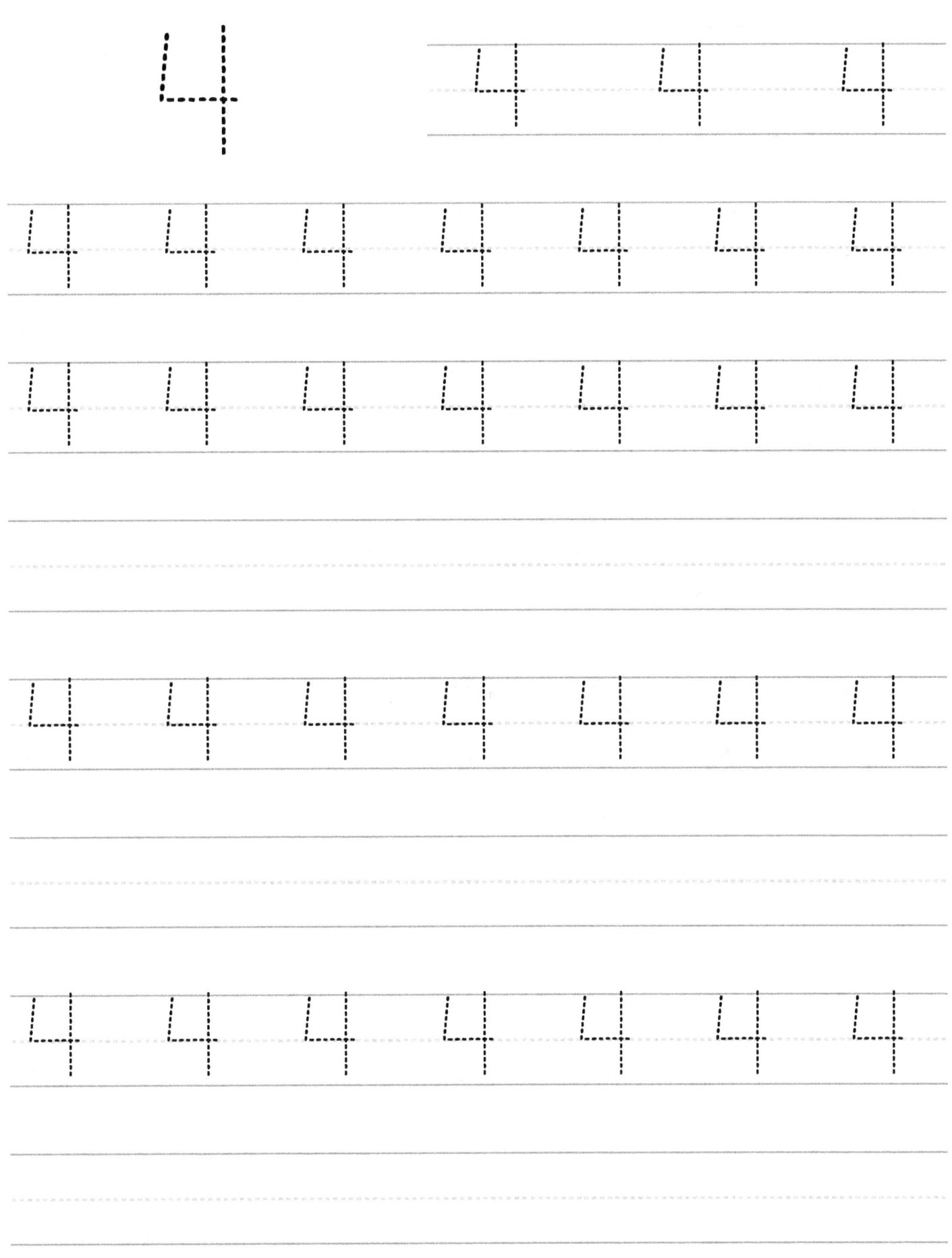

5

5 5 5

5 5 5 5 5 5 5

5 5 5 5 5 5 5

5 5 5 5 5 5 5

5 5 5 5 5 5 5 5

6

6 6 6

6 6 6 6 6 6 6

6 6 6 6 6 6 6

6 6 6 6 6 6 6

6 6 6 6 6 6 6

7

8 8 8 8

8 8 8 8 8 8 8

8 8 8 8 8 8 8

8 8 8 8 8 8 8

8 8 8 8 8 8 8

9 9 9 9

9 9 9 9 9 9 9

9 9 9 9 9 9 9

9 9 9 9 9 9 9

9 9 9 9 9 9 9

10

10 10 10

10 10 10 10 10 10 10

10 10 10 10 10 10 10

10 10 10 10 10 10 10

10 10 10 10 10 10 10

12 12 12 12

12 12 12 12 12 12 12

12 12 12 12 12 12 12

12 12 12 12 12 12 12

12 12 12 12 12 12 12

13

14

15

16 16 16 16

16 16 16 16 16 16 16

16 16 16 16 16 16 16

16 16 16 16 16 16 16

16 16 16 16 16 16 16

17

18

19 19 19 19
19 19 19 19 19 19 19
19 19 19 19 19 19 19

19 19 19 19 19 19 19

19 19 19 19 19 19 19

20 20 20
20 20 20 20
20 20 20 20

20 20 20 20

20 20 20 20

Activities

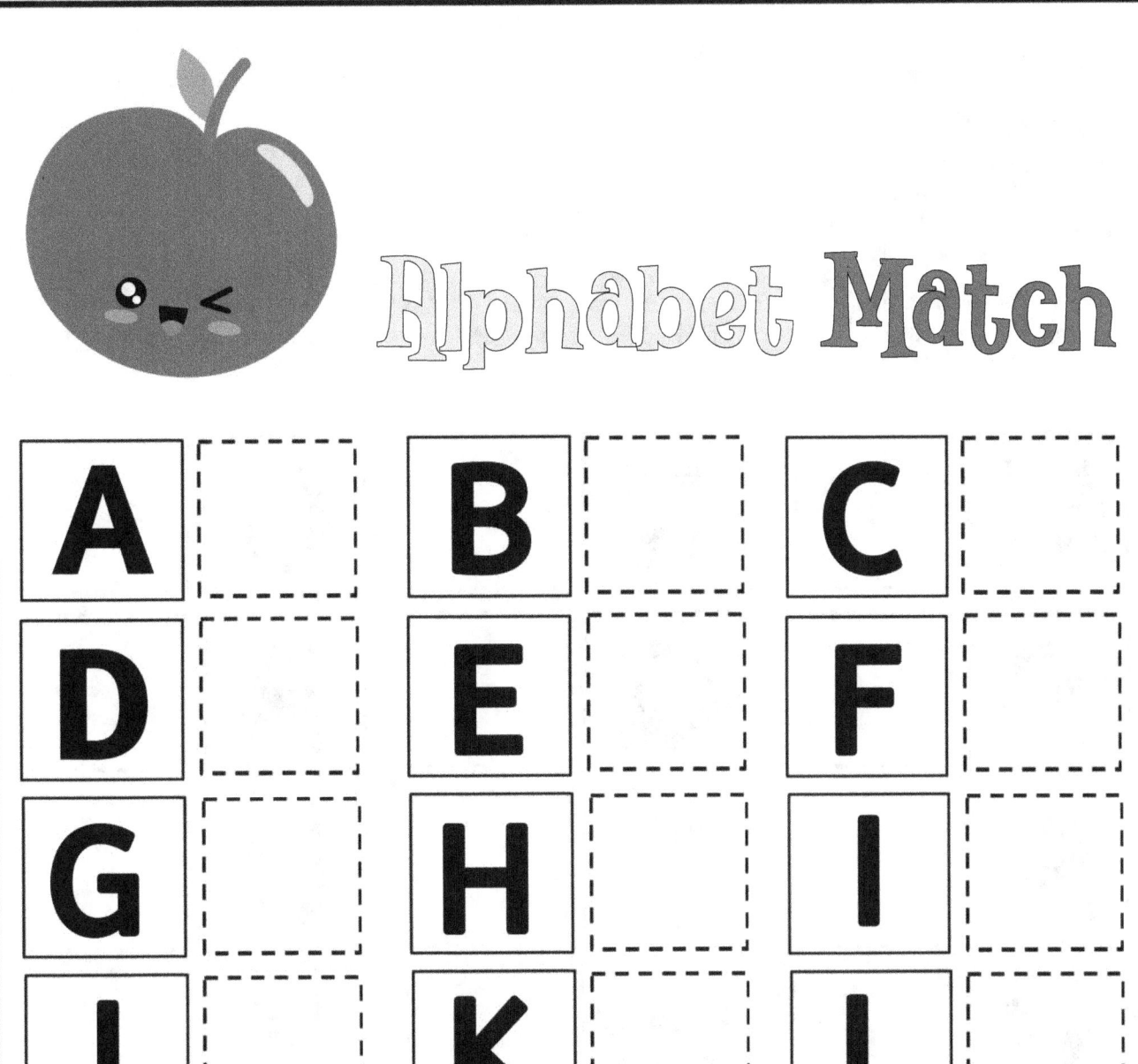

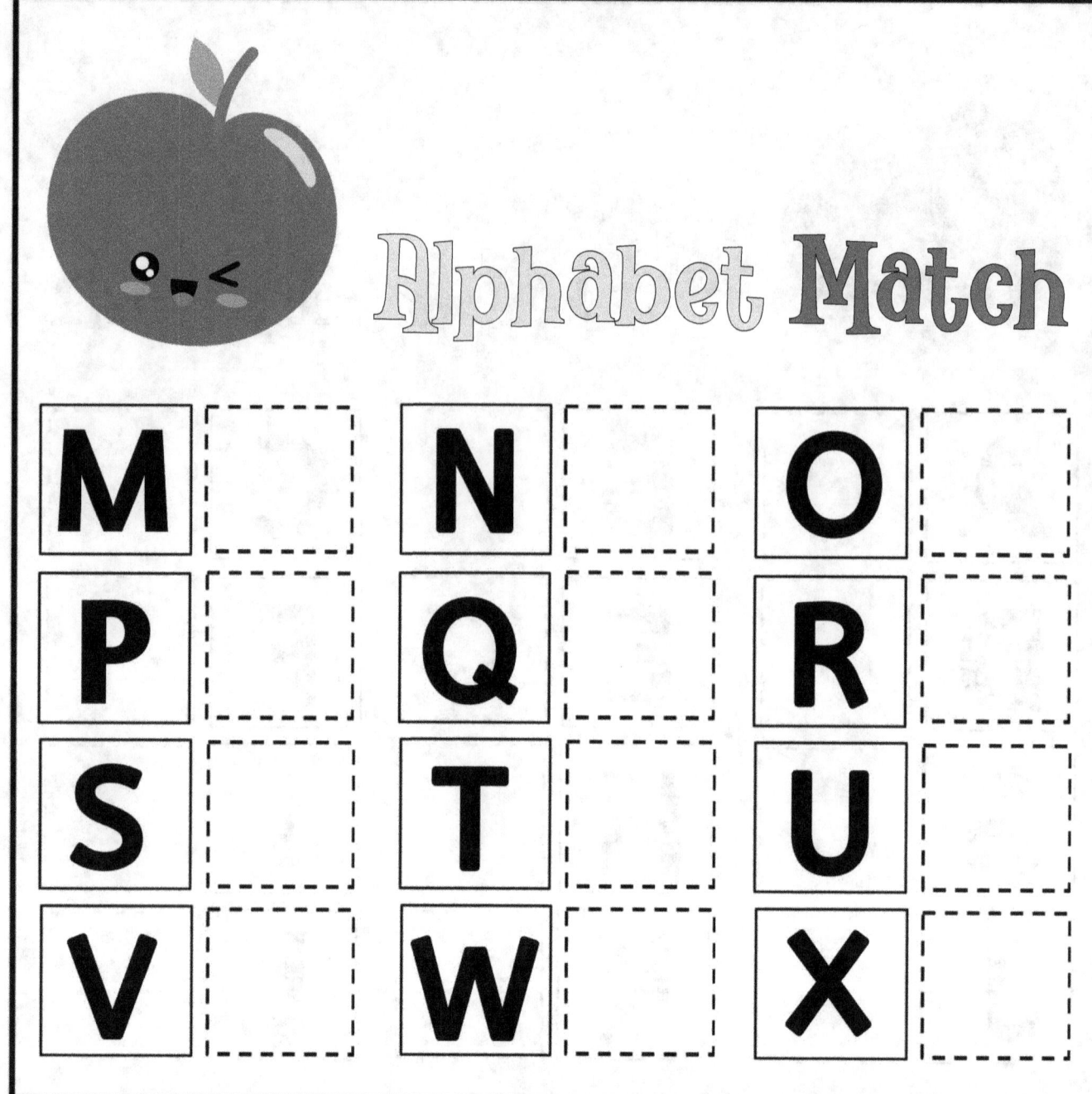

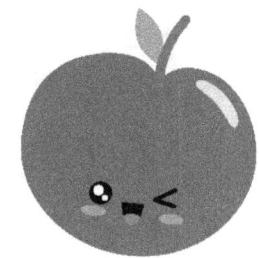

Alphabet Match

N		O		P	
Q		R		S	
T		U		V	
W		X		Y	
		Z			

Z R Q P V W

Y S O T U X

www.ingramcontent.com/pod-product-compliance
Lightning Source LLC
Chambersburg PA
CBHW060426220526
45465CB00008B/3034